FRAGMENT
D'HISTOIRE FUTURE

PAR

G. TARDE

Extrait de la *Revue Internationale de Sociologie.*

PARIS

V. GIARD & E. BRIÈRE

LIBRAIRES-ÉDITEURS

16, RUE SOUFFLOT, 16

1896

Fragment d'histoire future

C'est vers la fin du XXVe siècle de l'ère préhistorique jadis appelée chrétienne, qu'eut lieu, comme on sait, la catastrophe inattendue d'où procèdent les temps nouveaux, l'heureux désastre qui a forcé le fleuve débordé de le civilisation à s'engloutir pour le bien de l'homme. J'ai à raconter brièvement ce grand naufrage et ce sauvetage inespéré si rapidement accompli en quelques siècles d'efforts héroïques et triomphants. Bien entendu, je passerai sous silence les faits particuliers qui sont connus de tous et ne m'attacherai qu'aux grandes lignes de cette histoire. Mais auparavant il convient de rappeler en peu de mots le degré de progrès relatif auquel l'humanité était déja parvenue, dans sa période extérieure et superficielle, à la veille de ce grave événement.

I

LA PROSPÉRITÉ

L'apogée de la prospérité humaine, dans le sens superficiel et frivole du mot, semblait atteint. Depuis 50 ans, l'établissement définitif de la grande fédération asiatico-américano-européenne et sa domination incontestée sur ce qui restait encore, çà et là, en Océanie ou dans l'Afrique centrale, de barbarie inassimilable, avait habitué tous

les peuples, convertis en provinces, aux délices d'une paix universelle et désormais imperturbable. Il n'avait pas fallu moins de 150
ans de guerres pour aboutir à ce dénouement merveilleux. Mais
toutes ces horreurs étaient oubliées ; et, de tant de batailles effroya-
bles entre des armées de 3 et 4 millions d'hommes, entre des trains
de wagons cuirassés lancés à toute vapeur et faisant feu de toutes
parts les uns contre les autres, entre des escadres sous-marines qui
se foudroyaient électriquement, entre des flottes de ballons blindés,
harponnés, crevés par des torpilles aériennes, précipités des nues
avec des milliers de parachutes brusquement ouverts qui se mitrail-
laient encore en tombant ensemble ; de tout ce délire belliqueux, il
ne restait plus qu'un poétique et confus souvenir. L'oubli est le commencement du bonheur, comme la crainte est le commencement de
la sagesse.

Par une exception unique, les peuples, après cette gigantesque
hémorrhagie, goûtaient non la torpeur de l'épuisement, mais le calme
de la force accrue. Cela s'explique. Depuis un siècle environ, les
conseils de révision, rompant avec la routine aveugle du passé,
triaient avec soin les jeunes gens les plus valides et les mieux faits
pour les exonérer du service militaire devenu tout automatique, et
envoyaient sous les drapeaux tous les infirmes, bien suffisants pour
le rôle extrêmement amoindri du soldat et même de l'officier inférieur. C'était là de la sélection intelligente, et l'historien ne saurait
manquer au devoir de louer avec gratitude cette innovation, grâce à
laquelle l'incomparable beauté du genre humain actuel s'est formée
à la longue. En effet, quand on regarde, à présent, derrière les
vitrines de nos musées d'antiquités, ces singuliers recueils de carica-
tures que nos aïeux appelaient leurs albums photographiques, on
peut constater l'immensité du progrès accompli de la sorte, si tant
est que nous descendions vraiment de ces laiderons et de ces ho-
muncules, comme l'atteste une tradition d'ailleurs respectable.

De cette époque date la découverte des derniers microbes non
encore analysés par l'école néo-pastorienne. La cause de toutes les
maladies étant connue, le remède ne tarda pas à l'être, et, à partir
de ce moment, un phtisique, un rhumatisant, un malade quelconque
est devenu un phénomène aussi rare que l'était jadis un monstre
double ou un honnête marchand de vin ; c'est depuis cette époque que s'est perdu le ridicule usage de ces questions sanitaires qui
encombraient les conversations de nos ancêtres : « Comment allez-
vous ? Comment vous portez-vous ? » La myopie seule avait continué

alors sa marche lamentable stimulée par la diffusion extraordinaire des journaux; pas une femme, pas un enfant qui ne fît usage du pince-nez. Cet inconvénient momentané, du reste, a été largement compensé par les progrès qu'il a fait faire à l'art des opticiens.

Avec l'unité politique qui supprimait les hostilités des peuples, on avait l'unité linguistique qui effaçait rapidement leurs dernières diversités. Depuis le xxᵉ siècle déjà, le besoin d'une langue unique et commune, comparable au latin du Moyen-Age, était devenu assez intense parmi les savants du monde entier pour les décider à faire usage dans tous leurs écrits d'un idiome international. Après une longue lutte de rivalité avec l'anglais et l'espagnol, c'est le grec qui, depuis la débâcle de l'Empire anglais et la reprise de Constantinople par l'Empire helléno-russe, s'imposa définitivement. Peu à peu, ou plutôt avec la célérité propre à tous les progrès modernes, son emploi descendit, de couche en couche, jusqu'aux plus humbles degrés de la société, et, dès le milieu du xxiiᵉ siècle, il n'y eut plus un petit enfant, de la Loire au fleuve Amour, qui ne s'exprimât facilement dans la langue de Démosthène. Çà et là quelques villages perdus dans des creux de montagnes s'obstinaient encore, malgré la défense de leurs instituteurs, à estropier de vieux patois appelés jadis le français, l'allemand, l'italien, mais on eût bien ri d'entendre dans les grandes villes ce charabias.

Tous les documents contemporains s'accordent à attester la vitesse, la profondeur, l'universalité du changement qui s'opéra dans les mœurs, dans les idées, dans les besoins, dans toutes les formes de la vie sociale nivelées d'un pôle à l'autre, à la suite de cette unification du langage. Il semblait que jusqu'alors le cours de la civilisation eût été endigué, et que, pour la première fois, toutes les digues rompues, il se répandît à l'aise sur le globe. Ce n'étaient plus des millions, c'étaient des milliards, que le moindre perfectionnement industriel nouvellement découvert valait à son inventeur; car rien n'arrêtait plus dans son expansion rayonnante la vogue d'une idée quelconque née n'importe où. Ce n'était plus par centaines, mais par milliers, pour la même raison, que se comptaient les éditions d'un livre tant soit peu goûté du public et les représentations d'une pièce tant soit peu applaudie. La rivalité des auteurs était donc montée à un diapason suraigu. Leur verve d'ailleurs pouvait se donner carrière, car le premier effet de ce déluge de néo-hellénisme universalisé avait été de submerger à jamais toutes les prétendues littératures de nos grossiers aïeux, devenues inintelligibles, et jus-

qu'au titre même de ce qu'ils appelaient leurs chofs-d'œuvre classiques, jusqu'à ces noms barbares de Shakspeare, de Gœthe, de Hugo,
maintenant oubliés, dont nos érudits déchiffrent les vers rocailleux
avec tant de peine. Piller ces gens-là que presque personne ne pour-
rait plus lire, c'était leur rendre service et leur faire trop d'honneur.
On ne s'en fit pas faute ; et le succès fut prodigieux de ces hardis
pastiches donnés pour des créations. La matière à exploiter de la
sorte était abondante, inépuisable. Par malheur pour les jeunes
écrivains, d'antiques poètes, morts depuis des siècles, Homère, Sophocle, Euripide, étaient revenus à la vie, cent fois plus florissants
de santé qu'au temps de Périclès même; et cette concurrence inattendue gênait singulièrement les nouveau-venus. Des génies originaux avaient beau en effet faire jouer des nouveautés à sensation,
telles que *Athalias*, *Hernanias*, *Macbethès*, le public les négligeait
souvent pour courir aux représentations d'*Œdipe-Roi* ou des *Oiseaux*. Et *Nanaïs*, peinture pourtant vigoureuse d'un romancier
novateur, échoua complètement devant le succès frénétique d'une
édition populaire de l'*Odyssée*. Aux oreilles saturées d'alexandrins
classiques, romantiques ou autres, excédées des jeux enfantins de
la césure et de la rime, tantôt jouant à la bascule et s'appauvrissant
ou s'enrichissant tour à tour, tantôt jouant à cache-cache et disparais-
sant pour se faire chercher, le bel hexamètre libre et abondant d'Homère, la strophe de Sapho, l'iambe de Sophocle, vinrent procurer des
délices ineffables, qui firent le plus grand tort à la musique d'un certain Wagner. La musique en général retomba à son poste secondaire
dans la hiérarchie des beaux-arts, et il y eut en revanche, dans ce
renouvellement philologique de l'esprit humain, l'occasion d'une
floraison littéraire inespérée qui permit à la poésie de reprendre
son rang légitime, c'est-à-dire le premier. Elle ne manque jamais
de refleurir, en effet, quand reverdit la langue, et à plus forte raison
quand celle-ci change tout à fait et qu'il y a plaisir à exprimer de
nouveau les banalités éternelles.

Ce n'était pas là un simple passe-temps de délicats. Le peuple y
prenait part avec passion. Certes, à présent, il avait le loisir de lire
et de savourer les œuvres d'art. La transmission de la force à distance par l'électricité, et sa mobilisation sous mille formes, par
exemple en bouteilles d'air comprimé aisément transportables,
avaient réduit à rien la main-d'œuvre. Les cascades, les vents, les
marées étaient devenus les serviteurs de l'homme, comme aux âges
reculés et dans une proportion infiniment moindre, l'avait été la

vapeur. Distribuée et utilisée intelligemment par des machines perfec-
tionnées aussi simples qu'ingénieuses, cette immense énergie gratuite de la nature avait rendu depuis longtemps superflus tous les
domestiques et la plupart des ouvriers. Les travailleurs volontaires
qui existaient encore passaient trois heures à peine aux ateliers
internationaux, grandioses phalanstères où la puissance de production du travail humain, décuplée, centuplée, outrepassait toutes
les espérance de leurs fondateurs.

Ce n'est pas à dire que la question sociale eût été résolue par là;
faute de misère, il est vrai, on ne se disputait plus la richesse et
l'aisance, lot de tout le monde que presque personne n'appréciait
plus; faute de laideur aussi, on n'appréciait guère ni n'enviait
l'amour, que l'abondance extraordinaire des jolies femmes et des
beaux hommes rendait si commun et si peu malaisé, en apparence
au moins. Chassé ainsi de ses deux grandes voies anciennes, le
désir humain se précipita tout entier vers le seul champ qui lui
restât ouvert, et qui s'agrandit chaque jour par les progrès de la
centralisation socialiste, le pouvoir politique à conquérir; et l'ambition débordante, grossie tout à coup de toutes les convoitises con-
fluentes en elle seule, et de la cupidité, et de la luxure, et de la faim
envieuse, et de l'envie affamée des âges précédents, atteignit alors
des hauteurs effrayantes. C'était à qui s'emparerait de ce bien suprême, l'État; c'était à qui ferait servir l'omnipotence et l'omnis-
cience de l'État universel à réaliser son programme personnel ou
son rêve humanitaire. Ce n'est point, comme on l'avait annoncé,
une vaste république démocratique qui sortit de là. Tant d'orgueil
en éruption ne pouvait ne pas soulever un trône nouveau, le plus
haut, le plus fort, le plus radieux qui fut jamais. D'ailleurs, depuis
que la population de l'État unique se comptait par milliards, le suffrage universel était devenu impraticable et illusoire. Pour obéir à
l'inconvénient majeur d'assemblées délibérantes dix ou cent fois
trop nombreuses, on avait dû tellement agrandir les circonscriptions
électorales que chaque député représentait au mois dix millions d'électeurs. Cela n'est pas surprenant si l'on songe que, pour la première
fois, l'on avait eu alors l'idée si simple d'étendre aux femmes et aux
enfants le droit de vote, exercé en leur nom, bien entendu, par leur
père ou leur mari légitime ou naturel. Entre parenthèses, cette salutaire et nécessaire réforme, aussi conforme au bon sens qu'à la
logique, réclamée à la fois par le principe de la souveraineté natio-

nale et par les besoins de stabilité sociale, faillit échouer, chose incroyable, devant la coalition des électeurs célibataires.

La tradition rapporte que la proposition de loi relative à cette extension indispensable du suffrage eût été infailliblement rejetée si, par bonheur, l'élection récente d'un milliardaire suspect de tendances césariennes n'avait affolé l'assemblée. Elle crut nuire à la popularité de cet ambitieux en se hâtant d'accueillir ce projet où elle ne vit qu'une chose, c'est que les pères et les maris outragés ou alarmés par les galanteries du nouveau César allaient être plus forts pour entraver sa marche triomphale. Mais cette attente, paraît-il, fut déçue.

Quoi qu'il en soit, d'ailleurs, de cette légende, il est certain que, par suite de l'élargissement des circonscriptions électorales combiné avec la suppression du privilège électoral, l'élection d'un député était un véritable couronnement et donnait d'ordinaire à l'élu le ver-.tige des grandeurs. Cette féodalité reconstituée devait aboutir à la reconstitution de la monarchie. Un instant, des savants ceignirent cette couronne cosmique, suivant la prophétie d'un ancien philosophe, mais ils ne la gardèrent pas. La science, vulgarisée par des écoles innombrables, était devenue chose aussi commune qu'une femme charmante ou un élégant mobilier ; et, simplifiée extrêmement par sa perfection même, achevée dans ses grandes lignes immuables, dans ses cadres désormais rigides et remplis de faits, ne progressant plus que d'un pas imperceptible, elle tenait fort peu de place en somme dans le fond des cervelles où elle remplaçait simplement le catéchisme d'autrefois. La plus grande partie de la force intellectuelle allait donc ailleurs, ainsi que la gloire et le prestige. Déjà, les corps scientifiques, vénérables par leur antiquité, commençaient, hélas ! à se teinter d'une légère patine de ridicule, qui faisait sourire et songer aux synodes de bonzes ou aux conférences ecclésiastiques telles que les représentent de très vieux dessins.

Il n'est donc point surprenant qu'à cette première dynastie d'empereurs physiciens et géomètres, pastiches débonnaires des Antonins, ait promptement succédé une dynastie d'artistes évadés de l'art et maniant le sceptre comme naguère l'archet, l'ébauchoir ou le pinceau. Le plus glorieux de tous, homme d'une imagination exubérante maîtrisée et servie par une énergie sans égale, fut un architecte qui, entr'autres projets gigantesques, imagina de raser sa capitale, Constantinople, pour la reconstruire ailleurs, sur l'emplacement, désert depuis trois mille ans, de l'antique Babylone. Idée vraiment lumineuse. Dans cette plaine incomparable de la Chaldée, arrosée par un autre Nil, il y avait une autre Égypte plus fertile encore et plus belle à ressusciter, à transfigurer, une étendue horizontale infinie à couvrir de monuments hardis et pressés, de populations denses et fiévreuses, de moissons dorées sous un ciel toujours bleu, de chemins de fer rayonnant en réseau ferré de la ville de Nabuchodonosor aux extrémités de l'Europe, de l'Afrique et de l'Asie, à travers l'Himalaya, le Caucase et le Sahara. Tout cela fut fait en quelques années. La force emmagasinée et électriquement transmise de cent cascades abyssiniennes et de je ne sais combien de cyclones suffit sans peine à transporter des monts d'Arménie la pierre, le bois et le fer nécessaires à tant de constructions. Un jour, un train de plaisir composé de mille et une voitures, ayant passé trop près d'un câble transmetteur au moment de sa plus forte charge, fut foudroyé en un clin d'œil et pulvérisé. Mais aussi Babylone, la fastueuse cité de fange, aux misérables splendeurs de brique crue et peinte, se trouva rebâtie de marbre et de granit, pour la plus grande humiliation des Nabopolassar et des Balthazar, des Cyrus et des Alexandre. Inutile d'ajouter que les archéologues firent, à cette occasion, d'inappréciables découvertes dans plusieurs couches superposées d'antiquités babyloniennes et assyriennes. La fureur d'assyriologie alla si loin que tous les ateliers de sculpteurs, les palais et même les armoiries des souverains se remplirent de taureaux ailés à tête humaine, comme jadis les musées étaient pleins de cupidons ou de chérubins « cravatés de leurs ailes » et qu'on fit même imprimer certains manuels d'école primaire en caractères cunéiformes, pour ajouter à leur autorité sur les jeunes imaginations.

Cette débauche impériale de maçonnerie ayant occasionné malheureusement les septième, huitième et neuvième banqueroutes de l'État et plusieurs inondations consécutives de papier-monnaie, on se réjouit, en général, de voir, après ce règne brillant, la couronne portée par un financier philosophe. L'ordre à peine rétabli dans les finances, il se mit en mesure d'appliquer sur une grande échelle son idéal gouvernemental qui était d'une nature toute singulière. On ne tarda pas à remarquer, en effet, après son avènement, que toutes les dames d'honneur nouvellement choisies, très intelligentes d'ailleurs, mais sans le moindre esprit, brillaient, avant tout, par leur éclatante laideur ; que les livrées de la cour étaient d'une teinte grise et morne ; que les bals de la cour, reproduits par la cinématographie instantanée à millions d'exemplaires, fournissaient la collection des plus honnètes et des plus insipides visages et des formes les moins apéritives qu'on pût voir ; que les candidats récemment nommés, après envoi préalable de leurs portraits, aux plus hautes dignités de l'Empire, se distinguaient essentiellement par la vulgarité de leur tournure; enfin, que les courses et les fêtes publiques (dont le jour était dési- gné à l'avance par des dépêches secrètes annonçant l'arrivée d'un cyclone américain) se trouvaient, neuf fois sur dix, avoir lieu un jour de brouillard épais ou de pluie battante, qui les transformait en un déploiement immense d'imperméables et de parapluies. En fait de projets, comme en fait de gens, le choix du prince était toujours celui-ci : le plus utile ou le meilleur parmi les plus laids. Une insup- portable monochronie, une monotonie écrasante, une nauséabonde insipidité, étaient le timbre distinctif de toutes les œuvres du gouver- nement. On en rit, on s'en émut, on s'en indigna, on s'y habitua. Le résultat fut qu'au bout d'un temps il ne se rencontra plus un ambi- tieux, un politicien, c'est-à-dire un artiste ou un littérateur déclassé et cherchant le beau hors de son domaine, qui ne se détournât de la poursuite des honneurs pour se remettre à rimer, sculpter et peindre; et depuis lors, s'est accrédité cet aphorisme que la supériorité des hommes d'État n'est que la médiocrité élevée à la plus haute puis- sance.

Grand bienfait qu'on doit à ce monarque éminent. La haute pen- sée de son règne a été révélée par la publication posthume de ses mémoires. De cet écrit si regrettable, il ne nous reste que ce frag- ment bien propre à nous faire déplorer la perte du reste : « Quel est le vrai fondateur de la Sociologie ? Auguste Comte ? Non, Ménénius Agrippa. Ce grand homme a compris que le gouvernement était l'estomac, non la tête du corps social. Or, le mérite d'un estomac, c'est d'être bon et laid, utile et repoussant à voir, car si cet indispen- sable organe était agréable à regarder, il serait à craindre qu'on n'y touchât et la nature n'aurait pas pris tant de soin pour le cacher et le défendre. Quel homme sensé se pique d'avoir un bel appareil digestif, un foie gracieux, des poumons élégants? Cette prétention ne serait pourtant pas plus ridicule que la manie de faire grand et beau en politique. Il faut faire solide et plat. Mes pauvres prédéces- seurs... » Ici, une lacune. Un peu plus loin, on lit : « Le meilleur gouvernement est celui qui s'attache à être si parfaitement bourgeois, correct, neutre et châtré, que personne ne se puisse plus passionner ni pour ni contre. » Tel était ce dernier successeur de Sémiramis. Sur l'emplacement retrouvé des jardins suspendus, il avait fait

dresser, aux frais de l'État, une statue de Louis-Philippe en alumi-
nium battu, au milieu d'un jardin public planté de lauriers-sauces et
de choux-fleurs.

L'univers respirait. Il bâillait un peu sans doute, mais il s'épa-
nouissait pour la première fois dans la plénitude de la paix, dans
l'abondance presque gratuite de tous les biens et même dans la plus
brillante floraison ou plutôt exposition de poésie et d'art, mais surtout de luxe, que la terre eût encore vue. C'est alors qu'une alarme
extraordinaire et d'un genre nouveau, provoquée à juste titre par
des observations astronomiques faites sur la tour de Babel, recons-
truite en tour Eiffel très agrandie, commença à se répandre parmi
les populations épouvantées.

II

LA CATASTROPHE.

A plusieurs reprises déjà, le soleil avait donné des signes manifestes d'affaiblissement. D'année en année, ses taches multipliées
s'agrandissaient, sa chaleur diminuait sensiblement. On se perdait
en conjectures : son combustible lui faisait-il défaut? venait-il de
traverser, dans son exode à travers les espaces, une région excep-
tionnellement froide? On l'ignorait. Quoi qu'il en soit, le public s'in-
quiétait peu de la chose, comme de tout ce qui est graduel et non
subit. L'anémie solaire, qui rendit, d'ailleurs, quelque vie à l'astronomie délaissée, était devenue seulement le thème de plusieurs
articles de revue assez piquants. En général, les savants, dans leurs
cabinets bien chauffés, affectaient de ne pas croire à l'abaissement
de la température, et, malgré les indications formelles des thermomètres, ils répétaient sans cesse que le dogme de l'évolution lente et
de la conservation de l'énergie, combiné avec l'hypothèse classique
de la nébuleuse, défendait d'admettre un refroidissement de la masse
du soleil assez rapide pour se faire sentir pendant la courte durée
d'un siècle, à plus forte raison d'un lustre ou d'une année. Quelques
dissidents de tempérament hérétique et pessimiste faisaient remarquer, il est vrai, qu'à diverses époques, si l'on en croyait les astronomes du haut passé, certaines étoiles s'étaient graduellement
éteintes dans le ciel, ou avaient passé du plus vif éclat à l'obscurité

presque complète pendant le cours d'une année à peine. Ils concluaient de là que le cas de notre soleil n'avait rien d'exceptionnel, que la théorie de l'évolution tardigrade n'était peut-être pas universellement applicable, et que, parfois, comme l'avait hasardé, dans les temps fabuleux, un vieux visionnaire mystique appelé Cuvier, il s'accomplissait de vraies révolutions dans le ciel comme sur la terre. Mais la science orthodoxe luttait avec indignation contre ces hardiesses.

Cependant l'hiver de 2489 fut si désastreux qu'il fallut bien prendre au sérieux les menaces des alarmistes. On en vint à redouter d'instant en instant l'*apoplexie solaire*. C'était là le titre d'une brochure à sensation qui eut vingt mille éditions. On attendait avec anxiété le retour du printemps.

Le printemps revint enfin et l'astre-roi reparut, mais co. bien découronné et méconnaissable ! Il était tout rouge. Les prés n'étaient plus verts, le ciel n'était plus bleu, les Chinois n'étaient plus jaunes, tout avait changé tout à coup de couleur, comme dans une féerie. Puis, par degrés, de rouge qu'il était, il devint orangé ; l'on eût dit alors une pomme d'or dans le ciel ; et, pendant quelques années, on le vit passer, ainsi que la nature entière, à travers mille nuances magnifiques ou terribles, de l'orangé au jaune, du jaune au vert et du vert enfin à l'indigo et au bleu pâle. Les météorologistes se rappelèrent alors que, en l'an 1883, le 2 septembre, le soleil avait été vu tout le long du jour, à Venezuela, bleu comme la lune. Autant de couleurs, autant de décors nouveaux de l'univers protéiforme qui émerveillaient le regard effrayé, qui ravivaient, ramenaient à son acuité primitive l'impression toute rajeunie des beautés naturelles, et remuaient étrangement le fond des âmes en renouvelant la face des choses.

En même temps, les désastres se succèdent. Toute la population de la Norwège, de la Russie du Nord, de la Sibérie, périt congelée en une nuit ; la zone tempérée est décimée, et ce qui reste de ses habitants, fuyant l'amoncellement des neiges et des glaces, émigre par centaines de millions vers les tropiques, encombrant les trains qui s'essoufflent, et dont plusieurs, rencontrés par des ouragans de neige, disparaissent à jamais. Le télégraphe apprend coup sur coup à la capitale, tantôt que l'on n'a plus de nouvelles des trains immenses engagés dans les tunnels sous-pyrénéens, sous-alpestres, sous-caucasiens, sous-himalayens, où des avalanches énormes les ont enfermés, obstruant simultanément les deux issues ; tantôt que quelques-uns des plus grands fleuves du monde, le Rhin, par exemple, et le Danube, ont cessé de couler, congelés jusqu'au fond, d'où résulte une sécheresse suivie d'une famine sans nom qui force des milliers de mères à manger leurs enfants. De temps à autre un pays, un continent interrompt tout à coup ses communications à l'agence centrale; c'est que tout un réseau télégraphique est sous la neige, d'où émergent seulement ça et là, de distance en distance, les pointes inégales de ses poteaux portant leur petit godet. De cet immense filet électrique à la trame serrée qui enveloppait le globe entier, comme de cette prodigieuse cotte de maille que le système achevé des voies ferrées faisait à la terre, il ne reste plus que des tronçons épars, pareils aux débris de la grande armée de Napoléon pendant la retraite de Russie.

Cependant les glaciers des Alpes, des Andes, de toutes les montagnes du monde, vaincus du soleil, qui avaient été depuis des milliers de siècles refoulés dans leurs derniers retranchements, dans les gorges abruptes et les hautes vallées, ont repris leur marche conquérante. Tous les glaciers morts depuis des âges géologiques revivent agrandis. De toutes les vallées alpestres ou pyrénéennes, vertes naguère et peuplées de villes d'eaux délicieuses, on voit déboucher ces hordes blanches, ces laves glacées, avec leur moraine frontale qui s'avance en se déployant dans les vastes plaines, falaise mouvante faite de rochers et de locomotives renversées, de débris de ponts, de gares, d'hôtels, de monuments charriés pêle-mêle, bric-à-brac monstrueux et navrant dont l'invasion triomphante se pare comme d'un butin. Lentement, pas à pas, malgré quelques passagères intermittences de lumière et de chaleur, malgré des jours parfois brûlants qui attestent les convulsions suprêmes du soleil luttant contre la mort et ranimant dans les âmes l'espoir trompeur; à travers et moyennant ces péripéties mêmes, les pâles envahisseurs font leur chemin. Ils reprennent, ils recouvrent un à un tous leurs anciens domaines de la période glaciaire; et, retrouvant en route quelque gigantesque bloc erratique qui, à cent lieues des monts, près de quelque cité fameuse, gisait seul et morne, témoin mystérieux des grandes catastrophes d'autrefois, ils le soulèvent et l'emportent en le berçant sur leurs flots durs, comme une armée en marche reprend et arbore ses vieux drapeaux poudreux retrouvés dans les temples ennemis.

Mais qu'était la période glaciaire comparée à cette nouvelle crise du globe et du ciel? Quelqu'affaiblissement sans doute, quelque évanouissement analogue du soleil l'avait produite, et bien des espèces animales trop peu vêtues ont dû périr alors. Ce n'avait été là pourtant qu'un *coup de cloche* pour ainsi dire, un simple avertissement de l'attaque finale et mortelle. Les périodes glaciaires — car on sait qu'il y en a eu plusieurs — s'expliquaient maintenant par leur réapparition agrandie. Mais cette élucidation d'un point obscur de géologie était, il faut l'avouer, une compensation insuffisante aux malheurs publics qu'elle coûtait.

Quelles calamités! quelles horreurs! ma plume s'avoue impuissante à les retracer. D'ailleurs, comment raconter des désastres si complets qu'ils ont le plus souvent fait périr ensemble tous leurs témoins jusqu'au dernier sous des amoncellements de cent mètres de neige? Tout ce que nous savons de certain, c'est ce qui s'est passé alors vers la fin du xxv⁰ siècle, dans un petit canton de l'Arabie Pétrée. Là, s'étaient réfugiés, invasions sur invasions, flots sur flots, congelés les uns sur les autres à mesure qu'ils s'avançaient, les quelques millions d'hommes qui survivaient aux milliards d'hommes disparus. L'Arabie Pétrée, avec le Sahara, est donc devenue alors le pays le plus peuplé du globe. On y a transporté à raison de la chaleur relative du climat — je ne dis pas le siège du gouvernement, car, hélas! la Terreur seule règne — mais un immense calorifère qui en tient lieu et ce qui reste de Babylone recouverte par un glacier. Une ville nouvelle s'est construite en quelques mois sur des plans d'architecture tout nouveaux, merveilleusement adaptés à la lutte contre le froid. Par le plus heureux des hasards, on a découvert sur place des mines abondantes et inexploitées de charbon de terre. Il y a là, ce semble, de quoi se chauffer des années nombreuses; et, quant à l'alimentation, il n'y a pas encore trop à s'en préoccuper. Les greniers gardent quelques sacs de céréales en attendant que le soleil se ranime et que le blé se remette à pousser... Le soleil s'est bien ranimé après les périodes glaciaires! Pourquoi pas de nouveau? demandaient les optimistes.

Espoir d'un jour! le soleil devient violacé, le blé congelé cesse d'être mangeable, le froid se fait si fort que les murs des maisons, en se contractant, se lézardent et donnent passage à des courants d'air qui tuent net leurs habitants. Un physicien affirme avoir vu des cristaux d'azote et d'oxygène solidifié tomber du ciel, ce qui donne à craindre qu'avant peu l'atmosphère ne se décompose. Les mers sont déjà solides. Cent mille hommes pelotonnés en vain autour du grand poêle gouvernemental qui ne parvient plus à rétablir leur circulation, sont, une nuit, changés en glaçons ; et la nuit suivante cent mille autres hommes meurent de même. De cette belle race humaine si robuste et si noble, formée par tant de siècles d'efforts et de génie, par une sélection si intelligente et si prolongée, il n'allait plus rester bientôt que quelques milliers, quelques centaines d'exemplaires hâves et tremblants, uniques dépositaires des derniers débris de ce qui fut la Civilisation.

III

LA LUTTE

En cette extrémité un homme a surgi qui n'a pas désespéré de l'humanité. Son nom nous a été conservé. Par une singulière coïncidence il s'appelait Miltiade, comme un autre sauveur de l'hellénisme. Il n'était pas de race hellène pourtant ; Slave croisé de Breton, il n'avait sympathisé qu'à demi avec la prospérité niveleuse et amollissante du monde néo-grec, et, dans ce complet déluge, dans ce triomphe universel d'une sorte de renaissance byzantine modernisée, il était de ceux qui gardaient pieusement au fond de leur cœur des germes de dissidence. Mais, pareil au barbare Stilicon, défenseur suprême de la romanité sombrante contre la horde de la barbarie, c'est ce dissident de la civilisation qui, sur la pente de son vaste écroulement, seul entreprit de la retenir. Éloquent et beau, mais presque toujours taciturne, non sans quelques rapports de poses et de traits, disait-on, avec Chateaubriant et Napoléon (deux célébrités, comme on sait, d'une petite partie du monde en leur temps), adoré des femmes dont il était l'espoir, et de ses hommes dont il était l'effroi, il avait de bonne heure écarté la foule, et un accident singulier était venu redoubler sa sauvagerie naturelle. Trouvant la mer moins plate encore que la terre et en tous cas plus grande, il avait, sur le dernier navire cuirassé de l'État dont il était capitaine, passé sa jeunesse à faire le périple de police des continents, à rêver d'aventures impossibles, de conquêtes quand tout était conquis, de découvertes d'Amériques quand tout était découvert, et à maudire tous les voyageurs, tous les inventeurs, tous les conquérants anciens, heureux moissonneurs de tous les champs de gloire où il n'y avait plus rien à glaner. Un jour pourtant il crut avoir découvert une île nouvelle — c'était une erreur — et il eut la joie de livrer un combat, le dernier dont l'histoire ancienne fasse mention, avec une tribu de sauvages qui paraissaient bien primitifs, parlant anglais et lisant des bibles. Dans ce combat il déploya une telle valeur qu'il fut jugé unanimement fou par son équipage, et en grand danger de perdre son grade, après qu'un aliéniste consulté fut sur le point de confirmer publiquement ce sentiment populaire en le déclarant atteint de monomanie-suicide d'un nouveau genre. Par bonheur un archéologue a protesté en montrant, documents en mains, que ce phénomène devenu si étrange, mais fréquent dans les siècles passés sous le nom de bravoure, était un simple cas d'atavisme assez curieux à examiner. Le mal est que l'infortuné Miltiade avait été blessé au visage dans la même rencontre ; et sa cicatrice, que tout l'art des meilleurs chirurgiens n'est jamais parvenu à effacer, lui attira le surnom affligeant et presque injurieux de *balafré*. On comprend aisément que, à partir de cette époque, aigri par le sentiment de sa difformité partielle comme le vieux scalde appelé Byron l'avait été jadis pour une cause à peu près semblable, il ait évité de se présenter en public pour faire montrer au doigt les traces manifestes de son accès de folie passée. On ne le vit plus jusqu'au jour où, son vaisseau étant cerné par les glaces au milieu du Gulf-Stream, il dut, avec ses compagnons, achever la traversée à pied sur l'Atlantique solidifié.

Au milieu du chauffoir central d'État, vaste salle voûtée aux murs de dix mètres d'épaisseur, sans fenêtres, ceinte d'une centaine de fours gigantesques et constamment éclairée par leurs cent gueules flamboyantes, Miltiade apparaît un jour. Le reste de l'élite humaine des deux sexes est là ramassé, splendide encore dans sa misère ; non pas les grands savants chauves, ni les grandes actrices mêmes, ni les grands écrivains essoufflés, ni les importants sur le retour, ni les vieilles dames respectables — la broncho-pneumonie, hélas ! en a fait coupe blanche dès les premiers froids ; — mais les fervents héritiers de leurs traditions et de leurs secrets, et aussi de leurs fauteuils vides, leurs élèves pleins de talents et d'avenir. Aucun professeur de Faculté, mais beaucoup de suppléants et de préparateurs ; aucun ministre, mais beaucoup de jeunes secrétaires d'État ; pas une mère de famille, mais force modèles de peintres, admirables de formes et aguerries contre le froid par l'habitude de la vie nue, surtout nombre de beautés mondaines préservées de même par l'hygiène excellente du décolletage quotidien, sans compter l'ardeur de leur tempérament. Parmi elles, il était impossible de ne pas remarquer, à sa haute et fine taille, à l'éclat de sa toilette et de son esprit, de ses yeux noirs et de son teint blond, au rayonnement enfin de toute sa personne, la princesse Lydie, lauréate du dernier grand concours international de beauté, et réputée la merveille des salons de Babylone. Quel personnel différent de celui qu'on tenait jadis au bout de sa lorgnette du haut des tribunes de ce qu'on appelait la Chambre des députés! Jeunesse, beauté, génie, amour, trésors infinis de sciences et d'arts, plumes d'or, pinceaux merveilleux, voix délirantes, tout ce qu'il y a d'exquis encore et de civilisé sur la terre s'est condensé en ce bouquet final qui fleurit sous la neige comme une touffe de rhododendron ou de rose alpestre au pied d'une cime. Mais quel découragement abat toutes ces fleurs! et que toutes ces grâces sont languissantes!

A l'apparition de Miltiade les fronts se relèvent. Tous les yeux se fixent sur lui. Il est grand, maigre et desséché, malgré l'embonpoint factice de ses épaisses fourrures blanches. Quand il a rejeté son grand capuchon blanc qui rappelle le froc dominicain de l'antiquité, on entrevoit, à travers les stalactites de sa barbe et de ses sourcils, sa grande balafre. A cette vue, un sourire d'abord, puis un frisson, qui n'est plus de froid seulement, parcourt les rangs des femmes. Car, faut-il l'avouer? malgré les efforts d'une éducation rationnelle, le penchant à applaudir la bravoure et ses signes n'a pu être entièrement extirpé de leur cœur. Lydie notamment reste imbue de ce sentiment d'un autre âge, par une sorte d'atavisme moral ajouté à son atavisme physique; et elle dissimule si peu son émotion admirative que Miltiade lui même en est frappé. A l'admiration se joint l'étonnement, car on le croyait mort depuis des années et on se demande par quels miracles accumulés il a pu échapper au sort de ses compagnons.

Il demande la parole, on la lui accorde. Il monte sur une estrade et un silence si profond s'établit qu'on eût entendu au dehors, nonobstant l'épaisseur des murs, la neige tomber. Mais ici laissons parler un témoin oculaire, transcrivons un extrait du compte-rendu, phonographié par lui, de cette mémorable séance. Je passe la partie du discours de Miltiade où il fait l'effrayant récit des périls qu'il a courus depuis sa descente de vaisseau. (*Applaudissements à chaque instant.*) Après avoir dit qu'en traversant Paris sur un traîneau attelé de rennes, grâce à la canicule, il a reconnu l'emplacement de cette ville morte à un double tumulus blanc formé à l'endroit

des flèches de Notre-Dame (*Mouvement dans l'auditoire*), l'orateur
continue :

« La situation est grave, dit-il, rien de pareil ne s'est vu depuis
les temps géologiques. Est-elle irrémédiable? Non. (*Écoutez! Écoutez!*) Aux grands maux les grands remèdes. Une idée, un espoir m'a
lui, mais si étrange, que je n'oserai jamais vous l'exprimer. (*Parlez!
Parlez!*) Non, je n'ose pas; je n'oserai jamais formuler ce projet.
Vous me croiriez fou encore. Vous le voulez? Vous me promettez
d'écouter jusqu'au bout mon projet absurde, extravagant? (*Oui!
Oui!*) D'en faire même l'essai, l'essai loyal? (*Oui! Oui!*) Eh bien,
je parlerai. (*Chut! Chut!*)

« L'heure est venue de savoir à quel point il est vrai de dire et de
répéter sans cesse, comme on le fait depuis trois siècles à la suite
d'un certain Stéphenson, que toute énergie, toute force physique ou
morale nous vient du soleil... (*Voix nombreuses : C'est cela!...*) On
l'a calculé : Dans deux ans, trois mois et six jours, s'il reste encore
un morceau de houille, il ne restera plus un morceau de pain! (*Sensation prolongée.*) Donc, si la source de toute force, de tout mouvement et de toute vie, est dans le soleil, rien que dans le soleil, il n'y
a plus à s'abuser; dans deux ans, trois mois et six jours, le génie
de l'homme sera éteint, et dans les cieux mornes le cadavre de l'humanité, tel qu'un mammouth de Sibérie, tournera sans fin, à jamais
irressuscitable! (*Mouvement.*)

« Mais cela est-il? Non, cela n'est pas, cela ne peut pas être. De
toute l'énergie de mon cœur, qui ne vient pas du soleil, elle, qui
vient de la terre, de la terre maternelle ensevelie là-bas, bien loin,
pour toujours cachée à mes yeux, — je proteste contre cette vaine
théorie et contre tant d'articles du catéchisme que j'ai dû subir en
silence jusqu'ici. (*Légers murmures au centre.*) — La terre, qui est
contemporaine du soleil, et non sa fille; la terre, qui fut autrefois un
astre lumineux comme le soleil, seulement éteint plus tôt; la terre
n'est immobilisée, n'est glacée, n'est paralysée qu'à la surface. Son
sein est toujours chaud et brûlant. Elle n'a concentré sa flamme en
soi que pour la mieux garder. (*Mouvement d'attention.*) Là est une
force vierge, inexploitée; une force supérieure à tout ce que le soleil
a pu susciter, pour notre industrie, de cascades maintenant figées,
de cyclones maintenant arrêtés, de marées maintenant suspendues;
une force où nos ingénieurs, avec un peu d'initiative, retrouveront
au centuple l'équivalent du moteur qu'ils ont perdu! Ce n'est plus
par ce geste (*L'orateur lève le doigt au ciel.*) que l'espoir du salut doit

s'exprimer désormais, c'est par celui-ci : (*Il abaisse sa main droite
vers la terre... Marques d'étonnement ; quelques murmures aussitôt
réprimés par les femmes.*) Il ne faut plus dire : Là-haut! mais : En
bas! Là, en bas, bien bas, est l'Eden promis, le lieu de la délivrance
et de la béatitude; là, et là seulement, il y a encore des conquêtes
et des découvertes sans nombre à réaliser!... (*Bravos à gauche.*)

« Dois-je conclure? (*Oui! Oui!*) Descendons dans ces profondeurs;
faisons-nous de ces abîmes nos asiles! Les mystiques ont eu un
pressentiment sublime, quand ils on dit en leur latin : *ab exterio-
ribus ad interiora!* La terre nous rappelle en son for intérieur.
Depuis tant de siècles, elle vit séparée pour ainsi dire de ses enfants,
des êtres vivants qu'elle a produits au dehors pendant sa période de
fécondité, avant le refroidissement de son écorce! Après que son
écorce a été refroidie, les rayons d'un astre lointain ont seuls, il est
vrai, entretenu sur cet épiderme mort leur vie factice, superficielle,
étrangère à la sienne. Mais ce schisme a trop duré; il est urgent
qu'il cesse. Il est temps de suivre Empédocle, Ulysse, Enée, Dante
aux sombres séjours souterrains, de retremper l'homme à sa source;
d'opérer le rapatriement profond de l'âme exilée! (*Applaudissements
isolés.*) — Du reste, il n'y a plus que cette alternative : la vie souterraine ou la mort! le soleil nous fait défaut; passons-nous du
soleil! — Mon plan, qu'il me reste à vous proposer, élaboré depuis
plusieurs mois par les hommes les plus éminents, est fait à présent,
définitif. — Il est complet et minutieux. Vous intéresse-t-il? (*De
toutes parts : Lisez! lisez!*) Vous verrez qu'avec de la discipline, de
la patience et du courage — oui, du courage, je risque ce mot mal
sonnant (*Risquez! risquez!*), — et surtout avec l'aide de ce grand héritage de science et d'art qui nous vient du passé, dont nous sommes
comptables envers notre postérité la plus reculée, envers le monde
immense, j'allais dire envers Dieu (*Signes de surprise*), nous pou-
vons être sauvés, si nous le voulons! (*Tonnerre d'applaudissements.*) »

L'orateur entre ensuite dans de longs détails qu'il est inutile de
reproduire sur le néo-troglodytisme qu'il prétend inaugurer comme
couronnement de la civilisation, partie des grottes, dit-il, et destinée
à y rentrer, mais combien plus profondément! Il étale des dessins,
des devis, des épures. Il n'a pas de peine à prouver qu'à la condition
de s'enfoncer assez bas dans le sous-sol, on trouvera une tiédeur
délicieuse, une température élyséenne; qu'il suffira de creuser,
d'élargir, d'exhausser, de prolonger plus avant les galeries de mines

déjà existantes pour les rendre habitables, confortables même; que la lumière électrique alimentée sans nuls frais par les foyers disséminés du feu intérieur, permettra d'éclairer magnifiquement, nuit et jour, ces cryptes colossales, ces cloîtres merveilleux, indéfiniment prolongés et embellis par les générations successives; qu'avec un bon système de ventilation, tout danger d'asphyxie ou d'insalubrité de l'air sera évité; qu'enfin, après une période plus ou moins longue d'installation, la vie civilisée pourra s'y déployer de nouveau dans tout son luxe intellectuel, artistique et mondain, aussi librement, et plus purement peut-être, qu'à la lumière capricieuse et intermittente du jour naturel. — A ces derniers mots, la princesse Lydie brise son éventail à force d'applaudir. — Une objection alors part de la droite : « Avec quoi se nourrira-t-on? » Il sourit dédaigneusement et répond : « Rien de plus simple. Pour boisson ordinaire d'abord, on aura de la glace fondue; tous les jours, on en transportera des blocs énormes pour désobstruer les orifices des cryptes et alimenter les fontaines publiques. J'ajoute que la chimie se charge de faire de l'alcool avec tout, voire avec des roches minérales, et que c'est l'abécédé de l'épicerie de faire du vin avec de l'alcool et de l'eau. (*Très bien! sur tous les bancs.*) — Quant à la nourriture, la chimie n'est-elle pas capable aussi de faire du beurre, de l'albumine, du lait avec n'importe quoi? Puis, a-t-elle dit son dernier mot? N'est-il pas de toute vraisemblance qu'avant peu, si elle s'y applique, elle réussira à satisfaire pleinement, économiquement, les vœux de la gastronomie la plus recherchée? Et, en attendant... (*Une voix timide : « En attendant? »*) En attendant, notre désastre même ne met-il pas à notre portée, par une circonstance providentielle en quelque sorte, le garde-manger le mieux fourni, le plus abondant, le plus inépuisable que l'espèce humaine ait jamais eu? Des conserves immenses, les plus admirables qui se soient faites encore, dorment pour nous sous la glace et la neige; milliards et milliards d'animaux domestiques ou sauvages —je n'ose pas ajouter : d'hommes et de femmes... (*Frisson d'horreur général*) — mais au moins de bœufs, de moutons, de volailles, gelés tout à coup, en bloc, ça et là, dans les marchés publics, à quelques pas d'ici. Rassemblons, tant que ce travail extérieur est possible encore, ces proies sans nombre qui étaient destinées à nourrir, durant des années, plusieurs centaines de millions d'hommes et qui suffiront bien, par suite, à en nourrir, durant des siècles, quelques milliers seulement, dussent-ils se multiplier abusivement en dépit de Malthus. Entassées à proximité du trou de la principale caverne, elles seront d'une exploitation facile, et d'une consommation délicieuse pour nos agapes fraternelles!... »

D'autres objections se produisent encore de divers côtés. Elles sont résolues avec la même force de désinvolture irréfutable. — La péroraison est tout entière à citer : « Si extraordinaire que soit en apparence la catastrophe qui nous frappe et le moyen de salut qui nous reste, un peu de réflexion suffira à nous prouver que la perplexité où nous sommes a dû se répéter une infinité de fois déjà dans l'immensité de l'univers et s'y résoudre de la même manière, dénouement fatal et normal de tous les drames astronomiques. Les astronomes savent que tous les soleils doivent s'éteindre; ils savent, donc, que, outre les astres lumineux et visibles, il y a dans le ciel un nombre infiniment plus grand d'astres éteints et obscurs, continuant à tourner sans fin avec leur cortège de planètes vouées à l'éternité de la nuit et du froid. Eh bien, s'il en est ainsi, je vous le demande : pouvons-nous supposer que la vie, la pensée, l'amour soient le privilège exclusif d'une infime minorité de systèmes solaires encore éclairés et chauds, et refuser à l'immense majorité des étoiles ténébreuses toute manifestation vivante et animée, toute haute raison d'être? Ainsi, l'inanimation, la mort, le néant agité seraient la règle; et la vie, l'exception! Ainsi, les neuf dixièmes, les quatre-vingt-dix-neuf centièmes peut-être des systèmes solaires tourneraient à vide, comme des roues de moulins absurdes et gigantesques, inutile encombrement de l'espace! Cela est impossible et insensé, cela est blasphématoire, ayons plus de foi dans l'inconnu! La vérité, ici comme partout, est sans doute le contrepied de l'apparence. Tout ce qui brille n'est pas or; ces constellations splendides, qui essaient de nous éblouir, ce sont elles qui sont relativement stériles. Leur lumière, qu'est-ce? Une vaine gloire, un luxe ruineux, une dissipation fastueuse d'énergie, de l'inanité infinie. Mais, quand cette gourme de la jeunesse des étoiles est jetée, alors l'œuvre sérieuse de leur vie commence, elles élaborent leur fruit intérieur. Car, glacées et noires au dehors, elles gardent précisément en leur centre inviolable, défendu par leurs couches mêmes de glace, leur inextinguible feu sacré... Là, finalement, doit se rallumer la lampe de vie chassée du sol... Une dernière fois, donc, regardons en haut pour y chercher l'espoir. Là-haut, d'innombrables humanités souterraines, ensevelies pour leur plus grande joie dans les hypogées des astres invisibles, nous encouragent de leur exemple. Faisons comme elles, intériorisons-nous. Comme elles, ensevelissons-nous pour ressusciter ; et, comme elles, dans notre tombeau, emportons tout ce qui, de notre existence antérieure, est digne de survivre. Ce n'est pas seulement de provisions de bouche que l'homme a besoin. Il faut vivre pour penser et non simplement penser à vivre. Rappelez-vous le mythe de Noé : pour échapper à un fléau presque égal au nôtre, et lui disputer ce que le monde avait à ses yeux de plus précieux, que fit cet homme simple et adonné à la boisson? Il fit de son arche un muséum, une collection complète de plantes et d'animaux, même de plantes vénéneuses, même de bêtes fauves, de boas, de scorpions ; et, par ce chargement pittoresque, mais incohérent, d'êtres nuisibles les uns aux autres et cherchant tous à s'entre-manger, par ce ramassis de contradictions vivantes si sottement adorées longtemps sous le nom de Nature, il crut de bonne foi avoir mérité de l'avenir. Mais nous, dans notre nouvelle arche, mysté-rieuse, impénétrable, indestructible, ce ne sont ni des animaux ni des plantes que nous emporterons. Ces vies-là sont anéanties ; ces formes ébauchées, ces tâtonnements hétéroclites de la terre en quête de la forme humaine sont effacés pour toujours. Ne le regrettons pas. A la place de tant de couples encombrants, de tant de graines inutiles, nous emporterons dans notre refuge l'harmonieux faisceau de toutes les vérités d'accord entre elles, de toutes les beautés artistiques ou poétiques solidaires les unes des autres, unies comme des sœurs, que le génie humain a fait éclore au cours des âges et multipliées ensuite en millions d'exemplaires, tous détruits, sauf un seul qu'il s'agit de garantir contre tout danger de destruction ; une vaste bibliothèque contenant tous les ouvrages capitaux, enrichis d'albums cinématographiques et de recueils phonographiques innombrables ; un vaste musée composé d'un spécimen de toutes les écoles, de toutes les manières magistrales, en architecture, en sculpture, en peinture, en musique même : voilà nos trésors à nous, voilà nos semences, voilà nos dieux, pour lesquels nous lutterons jusqu'au dernier souffle ! »

(L'orateur descend de l'estrade au milieu d'un enthousiame indescriptible ; les dames s'empressent autour de lui. Elles délèguent Lydie pour l'embrasser au nom de toutes. Celle-ci s'exécute en rougissant de pudeur, — autre phénomène d'atavisme moral en elle — et les applaudissements redoublent. Les thermomètres du chauffoir s'élèvent de plusieurs degrés en quelques minutes.)

Il est bon de rappeler aux nouvelles générations ces fortes paroles, où elles liront la reconnaissance qu'elles doivent à la mémoire

du glorieux balafré qui faillit mourir avec la réputation d'un mono-
mane. Elles aussi commencent à s'amollir, et, habituées aux délices
de leur Élysée souterrain, à l'ampleur luxueuse de ces hypogées sans
fin, legs du labeur gigantesque de leurs pères, elles sont trop portées
à penser que cela s'est fait tout seul, que cela était du moins inévi-
table, qu'après tout il n'y avait pas d'autre moyen d'échapper au
froid superficiel, et que ce moyen si simple n'a pas exigé de grands
frais d'invention... Profonde erreur ! à son apparition l'idée de Miltiade
a été saluée, et avec raison, comme un éclair de génie. Sans lui,
sans son énergie et son éloquence au service de son imagination,
sans sa puissance, sa séduction et sa persévérance au service de
son énergie, ajoutons sans l'amour profond que Lydie, la plus noble
et la plus vaillante des femmes, sut lui inspirer et qui décupla son
héroïsme, l'humanité aurait eu le sort de toutes les autres espèces
animales ou végétales. Ce qui frappe à présent dans son discours,
c'est cette lucidité extraordinaire et vraiment prophétique avec
laquelle il a décrit à grands traits les conditions d'existence du
monde nouveau. Sans doute, ses espérances ont été grandement
dépassées ; il ne prévoyait pas, il ne pouvait prévoir les prodigieux
accroissements que son idée-mère a reçus, développée par des
milliers de génies auxiliaires. Il avait bien plus raison qu'il ne pen-
sait, comme la plupart des novateurs, qu'on accuse à tort, en
général, de trop abonder dans leur propre sens. Mais, en somme,
jamais plan si grandiose n'a été si ponctuellement exécuté. Dès le
jour même, toutes ces mains fines et délicates, servies, il est vrai,
par des machines incomparables, se mettaient à l'ouvrage ; partout,
à la tête de tous les chantiers, Lydie et Miltiade, qui ne se quittaient
plus, rivalisaient d'ardeur ; et, avant un an, les galeries de mines
étaient devenues assez amples, assez confortables, assez ornées
même et brillamment éclairées pour recevoir les vastes et inestima-
bles collections de tous genres qu'il s'agissait d'y sauver en vue de
l'avenir.

Avec des soins infinis, elles sont descendues l'une après l'autre,
ballot par ballot, dans les entrailles de la terre. Ce sauvetage du
mobilier humain se fait avec ordre : toute la quintessence de toutes
les anciennes grandes bibliothèques nationales de Paris, de Berlin,
de Londres, rassemblées à Babylone puis réfugiées au désert avec
tout le reste, et même de tous les anciens musées, de toutes les
anciennes expositions de l'industrie et de l'art, est condensée là, avec
des additions considérables. Manuscrits, livres, bronzes, tableaux :

que d'efforts, que de peines, malgré le secours des forces intra-
terrestres, pour emballer, pour transporter, pour installer tout cela!
Tout cela doit être pourtant en majeure partie inutile à ceux qui
s'imposent ce labeur. Ils ne l'ignorent pas, ils se savent condamnés,
pour le restant de leurs jours problablement, à une vie dure et maté-
rielle, à laquelle leur existence d'artistes, de philosophes et de lettrés,
ne les préparait guère. Mais, — pour la première fois, — l'idée du
devoir à remplir est entrée dans ces cœurs, la beauté du sacrifice a
subjugué ces dilettante. Ils se dévouent à l'inconnu, à ce qui n'est
pas encore, à la postérité vers laquelle s'orientent tous les vœux de
leur âme électrisée, comme tous les atomes du fer aimanté tendent
vers le pôle. C'est ainsi qu'au temps où il y avait encore des patries,
dans un grand péril national, un vent d'héroïsme courait sur les
cités les plus frivoles. Et, si admirable qu'ait été, à l'époque dont
je parle, ce besoin collectif d'immolation individuelle, faut-il s'en
étonner, quand on sait, d'après les traités conservés d'histoire
naturelle, que de simples insectes, donnant le même exemple de
prévoyance et d'abnégation, employaient avant de mourir leurs dernières forces à rassembler des provisions inutiles à eux-mêmes,
utiles seulement dans l'avenir à leur larve naissante?

IV

LE SALUT

Le jour vint enfin où, tout l'héritage intellectuel du passé, tout le
vrai capital humain étant sauvé du grand naufrage, les naufragés
purent descendre à leur tour pour ne plus songer qu'à leur propre
conservation. Ce jour-là, — point de départ, comme on sait, de
notre ère nouvelle, dite l'ère salutaire — fut un jour de fête. Le
soleil cependant, comme pour se faire regretter, eut quelques suprêmes
rayons alors. Et, en jetant quelques derniers regards sur cette clarté
qu'ils ne devaient plus revoir, les survivants de l'humanité ne purent,
dit-on, retenir une larme. Un jeune poète, au bord de la fosse
ouverte pour les engloutir tous, redit dans la langue musicale d'Euripide, les adieux d'Iphigénie mourante à la lumière. — Mais ce fut

un court instant d'émotion bien naturelle, aussitôt changée en un élan d'ineffable joie.

Quelle stupeur, en effet, et quelle extase! On s'attendait à un sépulcre, et on ouvre les yeux dans les plus brillantes et les plus interminables galeries d'art qui se puissent voir, dans des salons plus beaux que ceux de Versailles, dans des palais enchantés où toutes les intempéries, la pluie et le vent, le froid et la chaleur torride sont inconnus; où des lampes sans nombre, soleils par l'éclat, lunes par la douceur, répandent perpétuellement dans les profondeurs bleues leur jour sans nuit! Certes, le spectacle était loin de ce qu'il est devenu depuis, mais la merveille était déjà grande; et il faut, par un effort d'imagination, se représenter l'état psychologique de nos pauvres aïeux accoutumés jusque là aux misères, aux incommodités continuelles et insupportables de la vie superficielle, pour concevoir leur enthousiasme à l'heure où, comptant seulement échapper par le plus noir cachot à la plus affreuse des morts, ils se sont sentis dépouillés de tous maux, en même temps que de toutes craintes! Avez-vous remarqué, au musée rétrospectif, ce bizarre instrument de nos pères qui s'appelait un parapluie? Regardez cela et réfléchissez à ce qu'il y avait de navrant dans une situation qui condamnait l'homme à l'emploi de ce meuble ridicule. Vous supposez-vous maintenant obligés de vous défendre contre des douches gigantesques qui viendraient vous arroser inopinément, des trois et quatre jours de suite? Songez aussi aux navigateurs tourbillonnant dans un cyclone, aux victimes des insolations, aux vingt mille Indiens annuellement dévorés par des tigres ou tués par la morsure des serpents venimeux, aux personnes foudroyées. Je ne parle pas des légions de parasites et d'insectes, des acarus et des phylloxeras et des êtres microscopiques qui buvaient le sang, la sueur, la vie de l'homme, lui inoculaient le typhus, la peste et le choléra. En vérité, si notre changement d'état a exigé quelques sacrifices, ce n'est pas une illusion de proclamer que le poids des avantages l'emporte immensément. Qu'est-ce, auprès de cette révolution incomparable, que la plus renommée des petites révolutions du passé, aujourd'hui traitées de si haut, et si justement, par nos historiens! On se demande comment les premiers habitants des cryptes ont pu, même un seul instant, pleurer le soleil, un mode d'éclairage si fourmillant d'inconvénients; le soleil, ce luminaire capricieux, qui s'éteignait, se rallumait à des heures variables, éclairait quand bon lui semblait, s'éclipsait parfois, se voilait de nuages quand on avait le plus besoin

de lui, ou vous aveuglait impitoyablement quand on soupirait après
l'ombre! Toutes les nuits — comprend-on bien la portée de cet
inconvénient? — toutes les nuits le soleil commandait à la vie sociale
de s'interrompre, et la vie sociale s'interrompait! Et l'humanité était
à ce point esclave de la nature! Et elle ne parvenait pas, et elle ne
songeait même pas à s'affranchir de cette servitude qui a pesé d'un
poids si lourd et si inaperçu sur ses destinées, sur le cours endigué
de son progrès! Ah! bénissons encore une fois notre heureux désastre!

Ce qui excuse ou explique la faiblesse des premiers immigrants
du monde intérieur, c'est que leur vie à eux devait être rude encore
et pénible, malgré un notable adoucissement, après leur descente
dans les cavernes. Ils avaient à les agrandir sans cesse, à les appro-
prier aux besoins de la civilisation ancienne et de la civilisation
nouvelle. Ce n'était pas l'affaire d'un jour : je sais bien que le hasard
les a heureusement servis, qu'ils ont eu la chance de découvrir çà et
là, en poussant leurs tunnels, des grottes naturelles de toute beauté,
où il a suffi d'allumer l'éclairage habituel (absolument gratuit comme
Miltiade l'avait prévu) pour les rendre presque habitables : délicieux *squares* en quelque sorte enchâssés et clair-semés dans le
dédale de nos rues brillantes, mines de diamant étincelantes, lacs de
mercure, amoncellements de lingots d'or. Je sais bien aussi qu'ils
ont eu à leur disposition une somme de force naturelle très supérieure à tout ce que les âges précédents avaient connu; et cela se
comprend fort bien : en effet, si les chutes d'eau manquaient, on les
remplaçait très avantageusement par les plus belles chutes de température que les physiciens aient jamais conçues. La chaleur centrale
du globe, il est vrai, ne pouvait être à elle seule une force motrice
pas plus qu'autrefois une grande masse d'eau descendue par hypothèse le plus bas possible; c'est dans son passage d'un niveau plus
haut à un niveau plus bas que la masse d'eau devient (ou plutôt
devenait) énergie utilisable; c'est dans sa descente d'un degré supé-
rieur à un degré inférieur du thermomètre que la chaleur le devient
aussi. Plus il y a de distance entre les deux niveaux, ou entre les
deux degrés, plus il y a d'énergie disponible. Or, à peine descendus
dans les entrailles du sol, les physiciens mineurs n'ont pas tardé à
s'apercevoir que, placés de la sorte entre les foyers du feu central,
sortes de *bas-fourneaux* cyclopéens, assez chauds pour fondre le
granit, et le froid extérieur suffisant pour solidifier l'oxygène et l'azote,
ils disposaient des plus gigantesques écarts de température, et, par

suite, de cascades thermiques auprès desquelles toutes les cascades du Niagara et d'Abyssinie n'étaient que des amusettes. Quelles chaudières que les cratères des anciens volcans! Quels condenseurs que les glaciers! Du premier coup d'œil on a dû voir que, moyennant quelques appareils distributeurs de cette énergie prodigieuse, il y avait là de quoi opérer tout le travail de l'homme : creusement, ventilation, irrigation, balayage, locomotion, descente et transport des aliments, etc...

Je sais cela ; je sais encore que, toujours favorisés par la fortune, éternelle amie de l'audace, les nouveaux troglodytes n'ont jamais souffert de la famine, ni de la disette ; que, lorsqu'un de leurs gisements *sous-neigeux* de cadavres menaçait de s'épuiser, ils faisaient quelques sondages, quelques puits *en haut* et ne manquaient point de rencontrer bientôt des mines de conserves alimentaires d'une richesse à fermer la bouche aux alarmistes. D'où résultait chaque fois, suivant la loi de Malthus, un accroissement subit de population, et la perforation de nouvelles cités souterraines, plus florissantes que leurs aînées. Mais, malgré tout, on reste confondu d'admiration devant cette incalculable force de courage et d'intelligence dépensée pour une telle œuvre et suscitée tout entière par une idée qui, partie un jour d'un cerveau individuel, d'une cellule de ce cerveau, d'un atome ou d'une monade de cette cellule, a mis en fermentation le globe entier! Ce qu'il y a eu d'éboulements, d'explosions meurtrières, de morts au début de l'entreprise; ce qu'il y a eu aussi de duels sanglants, de viols, de drames lugubres dans cette société effrénée, non encore réorganisée, on ne le saura jamais. L'histoire des premiers conquérants et des premiers planteurs de l'Amérique, si on la pouvait raconter en détail, pâlirait singulièrement à côté de celle-là. Jetons un voile. Mais ce comble d'horreurs était peut-être nécessaire pour nous apprendre que, dans le tête à tête forcé d'une grotte, il n'y a pas de milieu entre la bataille et l'amour, entre se tuer et s'embrasser. Nous avons commencé par nous battre, nous nous embrassons maintenant. Et, de fait, quelle oreille, quel odorat, quel estomac humain auraient résisté plus longtemps à l'assourdissement et à la fumée des coups de mélinite sous nos cryptes, au spectacle, à l'odeur de nos boucheries entassées dans nos étroits espaces? Hideuse, odieuse, suffocante au delà de toute expression, la guerre souterraine a fini par se rendre impossible.

Il est pourtant cruel de penser qu'elle durait encore à la mort de notre glorieux sauveur. On connaît l'aventure héroïque où Miltiade

et sa compagne ont perdu la vie : elle a été si souvent peinte, sculp-
tée, chantée, immortalisée par les maîtres, qu'il n'est point permis
de l'ignorer. La fameuse lutte entre les cités centralistes et les cités
fédéralistes, c'est-à-dire, au fond, entre les cités ouvrières et les
cités artistes, s'étant terminée par le triomphe de celles-ci, un conflit
encore plus sangla... prit naissance entre les cités libérales et les
cités cellulaires, dont les premières prétendaient faire prévaloir
l'amour libre, indéfiniment fécond, et les secondes, l'amour sage-
ment réglementé. Miltiade, égaré par sa passion, eut le tort de
prendre parti pour celles-là, excusable erreur que la postérité lui a
pardonnée. Assiégé dans sa dernière grotte — une merveille de for-
teresse — et à bout de vivres, les assiégeants ayant intercepté tous
les arrivages de conserves, il tenta un suprême effort : il prépara
une formidable explosion pour crever la voûte de sa caverne et s'ou-
vrir de force une issue en haut par laquelle il aurait pu avoir la
chance d'aboutir à un gisement alimentaire. Son espoir fut trompé ;
la voûte creva, il est vrai, et fit apparaître une caverne supérieure,
la plus colossale qu'on eût encore vue, vaguement semblable à un
temple hindou ; mais, lui-même, enseveli avec Lydie sous des blocs
énormes, périt misérablement à l'endroit même où s'élève maintenant leur double statue de marbre, chef-d'œuvre de notre nouveau
Phidias et rendez-vous fréquent de nos pèlerinages nationaux.

De ces temps féconds et troublés, de ce fructueux désordre, il
est résulté pour nous un avantage que nous n'apprécierons jamais
assez : notre race, déjà si belle, s'est encore fortifiée et épurée
par tant d'épreuves. La myopie même a disparu sous l'influence
prolongée d'un jour doux à la vue et de l'habitude de lire des livres
écrits en très gros caractères... Car, faute de papier, on écrit forcément sur des ardoises, sur des stèles, sur des obélisques, sur de
grandes parois de marbre, et cette nécessité, outre qu'elle oblige à
un style sobre et contribue à former le goût, empêche les journaux
quotidiens de reparaître, au grand profit des globes optiques et des
lobes cérébraux : ce fut un immense malheur, entre parenthèses,
pour l'humanité anté-salutaire, de posséder des plantes textiles qui
lui permettaient de fixer sans la moindre peine, sur des chiffons de
papier sans la moindre valeur, toutes ses idées frivoles ou sérieuses,
pêle-mêle entassées. Avant d'entailler maintenant sa pensée sur un
pan de rocher, on a pris le temps d'y réfléchir. — Autre malheur
encore pour nos aïeux primitifs : le tabac ! à présent on ne fume
plus, on ne peut plus fumer. La santé publique s'en trouve à merveille.

V

LA RÉGÉNÉRATION

Il n'entre pas dans le cadre de mon rapide exposé de raconter, date par date, les péripéties laborieuses de l'humanité dans son installation intra-planétaire, depuis l'an I de l'ère du Salut jusqu'à l'an 596 où j'écris ces lignes à la craie sur des lames schisteuses. Je voudrais seulement mettre en relief pour mes contemporains qui pourraient ne pas les remarquer (car on ne regarde guère ce qu'on voit toujours), les traits distinctifs, originaux, de cette civilisation moderne dont nous sommes si justement fiers. Maintenant qu'après bien des essais avortés, bien des convulsions douloureuses, elle est parvenue à se constituer définitivement, on peut dégager avec netteté son caractère essentiel. Il consiste dans *l'élimination complète de la Nature vivante*, soit animale, soit végétale, l'homme seul excepté. De là, pour ainsi dire, une purification de la société. Soustrait de la sorte à toute influence du milieu naturel où il était jusque-là plongé et contraint, le milieu social a pu révéler et déployer pour la première fois sa vertu propre, et le véritable lien social apparaître dans toute sa force, dans toute sa pureté. On dirait que la destinée a voulu faire sur nous pour son instruction, en nous plaçant dans des conditions si singulières (1), une expérience prolongée de sociologie. Il s'agissait en quelque sorte de savoir ce que deviendrait l'homme social livré à lui-même, mais abandonné à lui seul, — pourvu de toutes les acquisitions intellectuelles accumulées par un long passé de génies humains, mais privé du secours de tous les autres êtres vivants, voire même de tous ces êtres demi-vivants appelés les rivières et les mers, ou appelés les astres, et réduit aux forces domptées mais passives, de la nature chimique, inorganique, inanimée, qui est séparée de l'homme par un abîme trop profond pour

---

(1) En apparence seulement; on n'oubliera pas que, d'après toutes les probabilités, beaucoup d'astres éteints ont dû servir de théâtre à cette phase normale et nécessaire de la vie sociale.

exercer sur lui, socialement, une action quelconque. — Il s'agissait de savoir ce que ferait cette humanité toute humaine, obligée de tirer sinon ses ressources alimentaires, au moins tous ses plaisirs, toutes ses occupations, toutes ses inspirations créatrices, de son propre fonds. — La réponse est faite, et l'on a appris en même temps de quel poids inaperçu pesaient auparavant la faune et la flore terrestres sur le progrès entravé de l'humanité.

D'abord, l'orgueil humain, la foi de l'homme en soi, contenus auparavant par la pression constante, par le sentiment profond de la supériorité des puissances qui l'enveloppaient, se sont redressés, il faut l'avouer, avec une force effrayante d'élasticité. Nous sommes un peuple de Titans. Mais, en même temps, ce qu'il aurait pu y avoir d'énervant dans l'air de nos grottes (le plus pur d'ailleurs qui ait jamais été respiré, tous les germes pernicieux dont l'amosphère était remplie ayant été tués par le froid) a été combattu par là avec avantage. Loin d'être atteints par cette anémie que certains prédisaient, nous vivons dans un état de surexcitation habituelle qu'entretient la multiplicité de nos relations et de nos *toniques sociaux* (poignées de mains d'amis, causeries, rencontres de femmes charmantes, etc.), et qui, chez nombre d'entre nous, passe à l'état de frénésie continue, sous le nom de fièvre troglodytique. Cette maladie nouvelle, dont le microbe n'a pas été encore découvert, était inconnue de nos aïeux, grâce peut-être à l'influence stupéfiante (ou pacifiante, comme on voudra) des distractions naturelles et rurales.

Rurales ! voilà un archaïsme étrange. Des pêcheurs, des chasseurs, des laboureurs, des pâtres : comprend-on bien maintenant le sens de ces mots ? A-t-on réfléchi un instant à la vie de cet être fossile dont il est si souvent question dans les livres d'histoire ancienne et qu'on appelait *le paysan?* La société habituelle de cet être bizarre, qui composait la moitié ou les trois quarts de la population, ce n'étaient point des hommes, c'étaient des quadrupèdes, des légumes ou des graminées qui, par les exigences de leur culture, à la *campagne* (autre mot devenu inintelligible), le condamnaient à vivre inculte, isolé, éloigné de ses semblables. Ses troupeaux, eux, connaissaient les douceurs de la vie sociale ; mais lui n'en avait pas même la moindre idée.

Les villes, — où l'on s'étonnait qu'il eût du penchant à émigrer ! — étaient les seuls points fort rares et fort disséminés où la vie de société fût alors connue. Mais à quelles doses infinitésimales s'y montrait-elle mélangée, étendue de vie bestiale ou de vie végétative !

Un autre fossile particulier à ces régions, c'est *l'ouvrier*. Le rapport de l'ouvrier à son patron, de la classe ouvrière aux autres classes de la population et de ces classes entre elles, était-ce un rapport vraiment social ? Pas le moins du monde. Des sophistes qu'on appelait économistes, et qui étaient à nos sociologues actuels ce que les alchimistes ont été jadis aux chimistes, ou les astrologues aux astronomes, avaient accrédité, il est vrai, cette erreur que la société consiste essentiellement dans un échange de services ; à ce point de vue, tout à fait démodé du reste, le lien social ne serait jamais plus étroit qu'entre l'âne et l'ânier, le bœuf et le bouvier, le mouton et la bergère. La société, nous le savons maintenant, consiste dans un échange de reflets. Se singer mutuellement, et, à force de singeries accumulées, différemment combinées, se faire une originalité : voilà le principal. Se servir réciproquement n'est que l'accessoire. C'est pourquoi la vie urbaine d'autrefois, fondée principalement sur le rapport, plutôt organique et naturel que social, du producteur au consommateur ou de l'ouvrier au patron, n'était elle-même qu'une vie sociale très impure, source de discordes sans fin.

S'il nous a été possible, à nous, de réaliser la vie sociale la plus pure et la plus intense qui se soit jamais vue, c'est grâce à la simplification extrême de nos besoins proprement dits. Quand l'homme était *panivore* et omnivore, le besoin de manger se ramifiait en une infinité de branches ; aujourd'hui, il se borne au besoin de manger de la viande conservée par le meilleur des appareils réfrigérants. En une heure de temps, chaque matin, par l'emploi de nos ingénieuses machines de transport, un seul sociétaire en nourrit mille. Le besoin de se vêtir a été à peu près supprimé par la douceur d'une température toujours égale, et, il faut l'avouer aussi, par l'absence de vers-à-soie et de plantes textiles. Ce serait peut-être un inconvénient sans l'incomparable beauté de nos formes, qui prête un charme réel à cette grande simplicité de tenue. Observons, toutefois, qu'il est assez d'usage de porter des cottes de maille en amiante pailletée de mica, en argent tissé et rehaussé d'or où semblent coulées en métal, plutôt que voilées, les grâces fines et délicates de nos femmes. Ce chatoiement métallique, infiniment nuancé, est d'un effet délicieux. Mais ce sont là des toilettes inusables. Que de marchands drapiers, que de modistes, que de tailleurs, que de magasins de nouveautés annihilés du coup ! Le besoin de logement subsiste, il est vrai, mais extrêmement amoindri : on n'est plus exposé, maintenant, à coucher à la belle étoile... Quand un jeune homme, las de la vie en commun qui lui a suffi jusque là dans le grand atelier-salon de ses pareils, désire, pour des raisons de cœur, avoir une maison à soi, il n'a qu'à appliquer quelque part, contre la paroi du rocher, la tarière perforatrice, et, en quelques jours, sa cellule est creusée. Point de loyer et peu de meubles. Le mobilier collectif, qui est splendide, est presque le seul dont les amoureux eux-mêmes fassent usage.

La part du nécessaire se réduisant à presque rien, la part du superflu a pu s'étendre à presque tout. Quand on vit de si peu, il reste beaucoup de temps pour penser. Un minimum de travail utilitaire et un maximum de travail esthétique : n'est-ce pas la civilisation même en ce qu'elle a de plus essentiel ? La place que les besoins retranchés ont laissée vide dans le cœur, les talents la prennent, talents artistiques, poétiques, scientifiques, chaque jour multipliés et enracinés, devenus de véritables besoins acquis, mais *besoins de production plutôt que de consommation*. Je souligne cette différence. L'industriel travaillant toujours, non pour son plaisir, ni pour celui de son monde à lui, de ses congénères, de ses concurrents naturels, mais pour une société différente de la sienne, — à charge de réciprocité, n'importe — son travail constitue un rapport non social, presque anti-social avec ses dissemblables, au grand détriment de ses rapports entravés avec ses semblables; et l'activité croissante de son travail tend à accroître, non à atténuer, la dissemblance des sociétés différentes, obstacle à leur association générale. On l'a bien vu, au cours du xxᵉ siècle de l'ère ancienne, quand toute la population s'est trouvée divisée en syndicats ouvriers des diverses professions, qui se faisaient entre'eux une guerre acharnée, et dont les membres, dans le sein de chacun d'eux, se haïssaient fraternellement.

Mais, pour le théoricien, pour l'artiste, pour *l'esthéticien* dans tous les genres, produire est une passion, consommer n'est qu'un goût. Car tout artiste est doublé d'un dilettante; mais son dilettantisme, relatif aux arts autres que le sien, ne joue dans sa vie qu'un rôle secondaire comparé à son rôle spécial. L'artiste crée par plaisir, et seul il crée de la sorte.

On comprend donc la profondeur de la révolution vraiment sociale, celle-là, qui s'est opérée, depuis que l'activité esthétique, à force de grandir, finissant un jour par l'emporter sur l'activité utilitaire, à la relation du producteur au consommateur s'est substituée désormais, comme élément prépondérant des rapports humains, la relation de l'artiste au connaisseur. S'amuser ou se satisfaire chacun à part, et se servir les uns les autres, était l'ancien idéal social, auquel nous, nous substituons celui-ci : se servir soi-même et s'entre-charmer mutuellement. Ce n'est plus, dès lors, sur l'échange des services encore une fois, c'est sur l'échange des admirations ou des critiques, des jugements favorables ou sévères, que la société repose. Au régime anarchique des convoitises a succédé le gouvernement auto-cratique de l'opinion, devenu omnipotent. Car ils s'abusaient fort, nos bons aïeux, en se persuadant que le progrès social tendait à ce qu'ils appelaient la liberté de l'esprit. Nous avons mieux, nous avons la joie et la force de l'esprit qui possède une certitude, fondée sur sa seule base solide, sur l'unanimité des esprits en quelques points essentiels. Sur ce rocher là, on peut bâtir les plus hauts édifices d'idées, les Sommes philosophiques les plus gigantesques.

L'erreur, reconnue à présent, des anciens visionnaires appelés socialistes, était de ne pas voir que cette vie en commun, cette vie sociale intense, ardemment rêvée par eux, avait pour condition, *sine quâ non*, la vie esthétique, la religion partout propagée du beau et du vrai ; mais que celle-ci suppose le retranchement sévère de force besoins corporels ; et que, par suite, en poussant, comme ils le faisaient, au développement exagéré de la vie mercantile, ils allaient au rebours de leur but. Il aurait fallu commencer, je le sais, par extirper cette fatale habitude de manger du pain, qui asservis-sait l'homme aux exigences tyranniques d'une plante, et des bes-tiaux que réclamait la fumure de cette plante, et des autres plantes qui servaient d'aliment à ces bestiaux... Mais, tant que ce malheu-reux besoin sévissait et qu'on renonçait à le combattre, il fallait s'abstenir d'en susciter d'autres non moins anti-sociaux, c'est-à-dire non moins naturels, et il valait encore mieux laisser les gens à la charrue que les attirer à la fabrique, car la dispersion et l'isole-ment des égoïsmes sont encore préférables à leur rapprochement et à leur conflit. Mais passons.

On voit tous les avantages dont nous sommes redevables à notre situation contre nature. Ce que la vie sociale a de plus exquis et de plus substantiel, de plus fort et de plus doux, nous seuls l'avons su. Jadis on avait bien eu, çà et là, dans quelques rares oasis au milieu des déserts, un pressentiment lointain de cette chose ineffable : trois ou quatre salons du xviiie siècle (vieux style), deux ou trois ateliers de peintres, un ou deux foyers d'acteurs. C'étaient là, en quelque sorte, d'imperceptibles noyaux de protoplasme social perdus dans un amas de matières étrangères. Mais cette moëlle est devenue tout l'os à présent. Nos cités tout entières ne sont qu'un immense atelier, qu'un immense foyer, qu'un salon immense. Et cela s'est fait le plus simplement, le plus inévitablement du monde. Suivant la loi de ségrégation du vieil Herbert Spencer, le triage des virtuosités et des vocations hétérogènes devait s'opérer tout seul. En effet, au bout d'un siècle déjà, il y avait sous terre, en voie de formation ou de perforation continue, une cité de peintres, cité une de sculpteurs, une cité de musiciens, une cité de poètes, une cité de géomètres, de physiciens, de chimistes, de naturalistes même, de psychologues, de spécialités théoriques ou esthétiques en tout genre, sauf, à vrai dire, en philosophie. Car on a dû renoncer, après plusieurs tentatives, à établir ou à maintenir une cité de philosophes, par suite notamment des troubles continuels causés par la tribu des sociologues, les plus insociables des hommes.

N'oublions pas, par exemple, de mentionner la cité des excavateurs (on ne dit plus des architectes) qui ont pour spécialité d'élaborer les plans d'excavation et de réparation de toutes nos cryptes et de diriger l'exécution des travaux par nos machines. Sortant des voies battues de l'ancienne architecture, ils ont créé de toutes pièces cette architecture moderne si profondément originale, dont rien ne pouvait donner l'idée à nos aïeux. Le monument de l'architecte ancien, espèce de bijou pesant et volumineux, était une œuvre détachée, et dont l'extérieur, la façade surtout, le préoccupait plus encore que le dedans. Pour l'architecte moderne, l'intérieur seul existe et chaque œuvre s'incorpore aux précédentes; aucune ne s'isole. Elles ne sont qu'un prolongement et une ramification les unes des autres, une suite sans fin, comme les épopées de l'Orient. Faussement individualisé, sorte de pseudo-animal par sa symétrie, mais d'autant plus discordant au sein du paysage qu'il était plus symétrique et mieux rangé, l'ouvrage de l'architecte ancien faisait l'effet d'un vers dans de la prose, d'un cliché dans une fantaisie; il était spécialement chargé de représenter la règle, la froideur et la roideur, parmi le désordre de la nature et la liberté des autres arts. Mais, aujourd'hui, au lieu d'être le plus discipliné des arts, l'architecture en est le plus libre et le plus exubérant. Elle est le pittoresque principal de notre vie, le paysage artificiel et véritablement artistique, qui prête à tous les chefs-d'œuvre de nos peintres et de nos sculpteurs l'horizon de ses perspectives, le ciel de ses voûtes, la végétation de ses colonnades innombrables et désordonnées, dont le fût imite le port idéalisé de toutes les antiques essences d'arbres, dont le chapiteau imite la

forme accomplie de toutes les antiques fleurs. Nature choisie et par-
faite qui s'est humanisée pour enchanter l'homme, et que l'homme a
divinisée pour y abriter l'amour. — Ce n'est point, du reste, sans de
longs tâtonnements que cette perfection a été atteinte. Bien des
éboulements occasionnés par des excavations imprudentes, sans
piliers suffisants, ont englouti des villes entières pendant les deux
premiers siècles. Il y aura là, pour nos neveux, des Pompeï à retrou-
ver. A la moindre secousse de tremblement de terre (le seul fléau
naturel qui nous préoccupe), quelques écrasements partiels se produisent encore... Mais ces accidents sont très rares.

Revenons. Chacune de nos cités, en colonisant autour d'elle, est
devenue mère d'une fédération de cités semblables, où sa couleur
propre s'est multipliée en nuances qui la réfléchissent en l'embellis-
sant. Ainsi se sont formées nos nations, dont la différence corres-
pond, non plus à des accidents géographiques, mais à la diversité
des aptitudes de la nature humaine exclusivement sociales. Bien
plus, dans chacune d'elles, la division des cités est fondée sur celle
des écoles, dont la plus florissante à un moment donné, grâce à la
faveur toute puissante du public, élève au rang de capitale sa ville
particulière.

La naissance et la dévolution du pouvoir, qui ont tant agité l'humanité d'autrefois, s'opèrent chez nous le plus naturellement du
monde. Il y a toujours, dans la foule de nos génies, un génie supé-
rieur qui est salué tel par l'acclamation presque unanime de ses
élèves d'abord, de ses camarades ensuite. On est jugé, en effet, par
ses pairs et d'après ses œuvres, non par des incompétents et d'après
ses prouesses électorales. L'élévation de ce dictateur à la suprême
magistrature, vu l'intime solidarité qui nous lie et nous cimente les
uns aux autres, n'a rien d'humiliant pour l'orgueil des sénateurs
qui l'ont élu et qui sont les chefs de toutes les grandes écoles créées
par eux. Un électeur qui est un élève, un électeur qui est un admi-
rateur intelligent et sympathique, s'identifie à son élu. Or, c'est le
caractère propre de notre république *géniocratique*, de reposer sur
l'admiration, non sur l'envie, — sur la sympathie, non sur la haine,
— sur l'intelligence, non sur l'illusion.

Rien de plus charmant qu'une promenade à travers nos domaines.
Nos villes, toutes voisines les unes des autres, sont reliées entre
elles par de larges routes toujours éclairées, sillonnées de mo-
nocycles si gracieux et si légers, de trains sans fumée et sans
sifflet, de jolies voitures électriques, qui se glissent silencieu-

3

sement comme des gondoles, entre des parois couvertes de bas-re-
liefs admirables, d'inscriptions charmantes, d'immortelles fantai-
sies déversées et accumulées là par dix générations d'artistes
nomades! On voyait ainsi jadis quelques ruines de cloître où, pendant des siècles, l'ennui des religieux s'était traduit en figures
grimaçantes, en têtes encapuchonnées, en bêtes apocalyptiques,
gauchement sculptées sur les chapiteaux des colonnettes ou autour
du siège de pierre de l'abbé. Mais quelle distance de ce cauchemar
monacal à cette vision artistique! Tout au plus la jolie petite galerie qui réunissait, par dessus l'Arno, le musée du Palais Pitti à
celui des Offices de Florence, aurait-elle pu donner à nos aïeux une
pâle idée de ce que nous voyons.

Si les corridors de notre séjour ont cette splendeur et cette richesse, que dire des appartements? Que dire des cités? Il y a là des
entassements de merveilles artistiques, de fresques, d'émaux, d'or-
fèvreries, de bronzes, de tableaux, il y a là des raffinements et des
intensités d'émotions musicales, de conceptions philosophiques, de
rêves poétiques, à défier toute description, à désespérer toute patience, à lasser toute admiration! On a peine à croire que ce dédale
de galeries et de palais souterrains, d'hypogées marmoréens éti-
quetés, numérotés, dont les noms multiples rappellent toute la géo-
graphie et toute l'histoire du passé, aient été creusés en si peu de
siècles. Ce que peut la persévérance! Si habitué qu'on soit à
cette impression extraordinaire, il arrive encore parfois, quand on
erre seul, aux heures de sieste, dans cette sorte de cathédrale infinie, sans symétrie et sans limite, à travers cette forêt de hautes
colonnes éparses ou serrées, du style le plus diversifié et le plus
grandiose, tour à tour égyptien, grec, byzantin, arabe, gothique, et
imitatif de toutes les flores et de toutes les faunes disparues et vé-
nérées, quand il n'est pas, avant tout, profondément original; il
arrive, dis-je, qu'on s'arrête haletant et désorienté d'extase, comme
le voyageur d'autrefois quand il pénétrait dans la pénombre d'une
forêt vierge ou de la salle hypostyle de Karnak.

A ceux qui, lisant les antiques relations de voyages, regrette-
raient, par hasard, les pérégrinations des caravanes à travers les
déserts ou les découvertes de nouveaux mondes, notre univers peut
offrir des promenades illimitées sous les Océans atlantique et paci-
fique, congelés jusqu'à leurs dernières profondeurs. En tous sens,
et le plus facilement du monde, de hardis explorateurs, j'allais dire
navigateurs, ont sillonné de voies sans fin ces immenses calottes

de glace, à peu près comme les termites, d'après nos paléontolo-
gistes, taraudaient les planchers de nos pères. On prolonge à volonté ces fantastiques galeries de cristal, dont les carrefours sont
autant de palais de cristal, en projetant sur les parois un jet de chaleur intense qui les fait fondre. On a soin de faire écouler l'eau de
fusion dans quelqu'un de ces abîmes sans fond qui s'ouvrent çà et
là, effroyablement, sous nos pas. Par ce procédé et les perfection-
nements qu'il a reçus, on est arrivé à tailler, sculpter, ciseler l'eau
solide des mers, à s'y glisser, à y évoluer, à y courir en vélocipèdes
ou en patins, avec une aisance et une souplesse qu'on admire toujours, malgré l'habitude qu'on en a. Le froid rigoureux de ces régions, à peine tempéré par les millions de lampes électriques qui se
réfléchissent dans ces stalactites d'un vert d'émeraude aux nuances
veloutées, rend inhabitable leur séjour permanent. Il empêcherait
même de les traverser si, par bonheur, les premiers pionniers
n'y avaient découvert des multitudes de phoques, surpris, vivants
encore, par la congélation des eaux, où ils sont restés emprisonnés.
Leurs peaux, soigneusement préparées, nous ont procuré des vête-
ments chauds. Rien de plus curieux que d'apercevoir ainsi tout à
coup, comme à travers une vitrine mystérieuse, quelqu'un de ces
grands animaux marins, une baleine parfois, un requin, une pieu-
vre, et cette floraison étoilée du tapis des mers qui, pour nous apparaître cristallisée dans sa prison diaphane, dans son Élysée de sel
pur, n'a rien perdu de son charme intime, inconnu de nos aïeux.
Idéalisée par son immobilité même, immortalisée par sa mort, elle
luit vaguement çà et là avec des reflets de nacre et de perle dans le
crépuscule des profondeurs, à droite, à gauche, sous les pieds, sur
la tête du patineur solitaire qui s'égare, sa lampe au front, à la
poursuite de l'inconnu. Il y a toujours du nouveau à espérer de ces
miraculeux sondages, si différents des sondages d'autrefois. Jamais
touriste n'est revenu sans avoir découvert quelque chose d'intéres-
sant : un débris de vaisseau, un clocher de ville engloutie, un squelette humain qui enrichira nos musées préhistoriques; parfois, un
banc de sardines ou de morues, grandioses et providentielles conserves qui viennent à propos renouveler notre cuisine. Mais, avant
tout, ce qui enchante dans ces explorations aventureuses, c'est le
sentiment de l'immense et de l'éternel, de l'insondable et de l'im-
muable, dont on est saisi et surpris dans ces abîmes; c'est le savou-
rement de ce silence et de cette solitude, de cette paix profonde suc-
cédant à tant de tempêtes, de cette ombre ou de cette pénombre, à

peine constellée et scintillante fugitivement, qui repose les yeux de nos illuminations souterraines. Je ne parle point des surprises que la main de l'homme y a prodiguées : au moment où l'on s'y attend le moins, on voit le tunnel sous-marin où l'on glisse s'élargir démesurément, se transformer en une vaste salle où s'est jouée la fantaisie de nos sculpteurs, en un temple aux vagues contours, aux piliers translucides, aux parois attirantes que l'œil sonde avec ravissement; là, souvent les amis, les aimés se rencontrent, et le voyage, commencé solitairement dans le rêve, se poursuit à deux dans l'amour.

Mais c'est assez errer dans ce mystère, rentrons dans nos cités. Par exemple, c'est en vain qu'on chercherait là une cité d'avocats, ou même un palais de justice. Plus de terres labourables, donc plus de procès de propriété ou de servitude. Plus de murs, donc plus de procès de murs mitoyens. Quant aux crimes et aux délits, on ne sait trop pourquoi, mais c'est un fait manifeste que le culte généralisé des arts les a fait disparaître comme par enchantement; tandis qu'autrefois le progrès de la vie industrielle avait fait tripler leur nombre en un demi-siècle.

L'homme, en s'urbanisant, s'est humanisé. Depuis que toutes sortes d'arbres et de bêtes, de fleurs et d'insectes, ne s'interposent plus entre les hommes, depuis que toutes sortes de besoins grossiers n'entravent plus l'essor des facultés vraiment humaines, il semble que tout le monde naisse poli, comme tout le monde naît sculpteur ou musicien, philosophe ou poète, et parle la langue la plus correcte avec l'accent le plus pur. Une urbanité sans nom, habile à charmer sans mensonge, à plaire sans servilité, la moins cérémonieuse et la plus subtile, la plus pénétrante et la moins insinuante qui se soit vue, une politesse qui a pour âme le sentiment non d'une hiérarchie sociale à respecter mais d'une harmonie sociale à entretenir, qui se compose, non d'airs de cour plus ou moins dégénérés, mais de reflets du cœur plus ou moins fidèles, et telle que la surface terrestre ne l'a même pas soupçonnée, se glisse, comme une huile parfumée, entre tous les ressorts compliqués et délicats de notre existence. Nulle sauvagerie, nulle misanthropie n'y résiste; le charme est trop profond. La simple menace de l'ostracisme, je ne dis pas de l'expulsion par *en haut*, qui serait une condamnation à mort, mais de l'exil hors des limites de la corporation accoutumée, suffit pour retenir sur la pente du crime, les natures les plus criminelles. Il y a, dans la moindre inflexion de voix, dans le moindre tour de tête de nos femmes, une grâce à part, qui n'est point seulement la grâce d'autrefois, bonté malicieuse ou malice indulgente, mais une essence plus raffinée à la fois et plus saine, où l'habitude constante de voir beau et de faire beau, d'aimer et d'être aimée, s'exprime ineffablement.

VI

L'AMOUR

L'amour, en effet, voilà la source invisible et intarissable de cette courtoisie d'un nouveau genre. L'importance capitale qu'il a prise, les formes étranges qu'il a revêtues, les hauteurs inattendues où il s'est élevé, sont peut-être le caractère le plus significatif de notre civilisation. Dans les siècles brillants et superficiels — âge de ruolz et de papier — qui ont précédé immédiatement notre ère actuelle, l'amour, tenu en échec par mille besoins puérils, par la monomanie contagieuse du luxe laid et encombrant ou de la locomotion sans relâche, et par cette autre forme de démence, maintenant disparue, qu'on appelait l'ambition politique, avait subi un immense déclin relatif. Maintenant, il bénéficie de la destruction ou de la diminution graduelle de tous les autres grands mouvements du cœur, qui se sont réfugiés et concentrés en lui, comme les hommes exilés dans les chaudes entrailles de la terre. Le patriotisme est mort depuis qu'il n'y a plus de terre natale, mais seulement une grotte natale, et qu'en outre les corporations où l'on entre à son gré, suivant sa vocation, ont pris la place des patries. L'esprit de corps a tué le patriotisme. De même, l'école est en train non de tuer mais de transformer la famille, et c'est justice. Tout ce qu'on peut dire de mieux des parents de jadis, c'est qu'ils étaient des amis obligatoires et pas toujours gratuits. On n'avait pas tort de leur préférer, en général, les amis, sorte de parents facultatifs et désintéressés.

L'amour maternel lui-même, parmi nos femmes artistes, a subi bien des transformations, et, s'il faut l'avouer, quelques déchets partiels.

Mais l'amour nous reste. Ou plutôt, soit dit sans vanité, c'est nous qui l'avons découvert et inauguré. Son nom l'a précédé de bien des siècles. Nos ancêtres le nommaient, mais comme les Hébreux parlaient du Messie. Chez nous il s'est révélé; chez nous il s'est fait chair et a fondé la vraie religion, universelle et permanente, l'austère et pure morale qui avec l'art se confond. Il a été favorisé d'abord, sans nul doute, et au delà de toutes les prévisions, par la grâce et la beauté de nos femmes, toutes diversement mais presque également accomplies. Il n'y a plus rien de *naturel*, si ce n'est elles, dans notre bas monde. Mais il paraît qu'elles ont toujours été, même aux âges les plus disgracieux et les plus disgraciés, ce qu'il y a eu de plus beau dans la nature. Car on assure que jamais ondoiement de colline ou de rivière, de vague ou de moisson, que jamais teinte de l'aurore ou de la Méditerranée, ne fut près d'égaler en douceur, en force, en richesse de mélodies et de modulations visuelles, le corps féminin. Il fallait donc qu'un instinct spécial, tout à fait incompréhensible, retînt jadis au bord de leur ruisseau ou de leur rocher natal, de pauvres gens, pour les empêcher d'émigrer dans les grandes villes, avec l'espoir d'y admirer à l'aise des nuances et des contours de beautés assurément bien supérieures aux appâts géographiques dont ils subissaient le fatal attrait. A présent il n'est plus d'autre patrie que la femme qu'on aime; il n'est plus d'autre nostalgie que le mal de son absence.

Mais ce qui précède ne suffit pas à expliquer la puissance et la persistance singulières de notre amour, que l'âge aiguise plus qu'il ne l'use, et consomme en le consumant. L'amour, nous le savons enfin maintenant, est comme l'air vital, il faut le respirer et non s'en nourrir; il est comme était le soleil, il faut s'en éclairer, non s'en éblouir. Il ressemble à ce temple imposant que lui avait élevé la ferveur de nos pères, quand ils l'adoraient, sans le connaître, à l'Opéra de Paris; ce qu'il y a de plus beau en lui c'est l'escalier — quand on le monte. Nous avons donc tâché que l'escalier envahît tout l'édifice et qu'il ne restât plus la moindre petite place pour la salle. Le sage, a dit un ancien, est à la femme ce que l'azymptote est à la courbe; il s'en approche toujours et n'y touche jamais. C'est un demi-fou, nommé Rousseau, qui a énoncé cette belle maxime. Et notre société peut se vanter de l'avoir pratiquée beaucoup mieux que lui. Toutefois, l'idéal ainsi tracé, nous devons en faire l'aveu, est rarement atteint en toute rigueur. Ce degré de perfection est réservé aux âmes les plus saintes, aux ascètes, hommes et femmes, qui, se promenant deux à deux dans les plus merveilleux cloîtres, dans les loges les plus raphaëlesques de la cité des peintres, en une sorte de soir artificiel fait d'une pénombre colorée, au milieu d'une foule de couples pareils et au bord d'un fleuve, pour ainsi dire, d'audacieuses et splendides nudités, passent leur vie à savourer du regard ces belles ondes dont la rive vivante est leur amour, à gravir ensemble les marches de feu de l'escalier divin, jusqu'au sommet où ils s'arrêtent. Alors, souverainement inspirés, ils se mettent au travail et font des chefs-d'œuvre. Héroïques amants, qui, pour tout plaisir d'amour, ont la haute joie de sentir en eux leur amour croître, leur amour heureux puisqu'il est partagé, inspirateur puisqu'il est chaste!

Mais, pour la plupart d'entre nous, il a fallu condescendre aux faiblesses insurmontables du vieil homme. Toutefois, les limites inextensibles de nos provisions alimentaires nous faisant un devoir de prévenir rigoureusement un excès possible de notre population — parvenue aujourd'hui à un chiffre qu'elle ne saurait jamais dépasser sans danger, 50 millions — nous avons dû interdire en général, sous les peines les plus sévères, ce qui, paraît-il, se pratiquait communément et *ad libitum* chez nos ancêtres. Est-il possible qu'ayant fabriqué des monceaux de lois dont nos bibliothèques sont encombrées, ils aient omis précisément de réglementer la seule matière jugée digne aujourd'hui de réglementation! Conçoit-on qu'il ait jamais pu être permis au premier venu, sans autorisation régulière, d'exposer la société à l'arrivée d'un nouveau membre vagissant et affamé — surtout en un temps où l'on ne pouvait, sans permis, tuer un perdreau, ni, sans payer des droits, introduire un sac de blé? Plus sages et plus prévoyants, nous dégradons, et, s'il récidive, nous condamnons à être précipité dans un lac de pétrole, quiconque se permet ou plutôt se permettrait (car la force de l'opinion est venue à bout de ce crime capital a rendu inutiles nos pénalités) d'enfreindre sur ce point la loi constitutionnelle. On voit quelquefois, très souvent même, des amants devenir fous de passion et en mourir; d'autres, courageusement, se faire hisser par un ascenseur à l'ouverture béante d'un volcan éteint, et pénétrer dans l'air extérieur qui, en un moment, les congèle. Ils ont à peine le temps de regarder le ciel bleu, — beau spectacle, dit-on, — et les teintes crépusculaires du soleil toujours mourant, ou le vaste et naïf désordre des étoiles; puis, s'étreignant sur la glace, ils tombent morts! La cime de leur volcan favori est toute couronnée de leurs cadavres qui, admirablement conservés, deux à deux toujours, crispés et livides, respirant encore la douleur et l'amour, le désespoir

et le délire, mais, le plus souvent, une paix extatique, ont fait naguère une impression ineffaçable sur un voyageur célèbre, assez
intrépide pour être monté y jeter un coup d'œil. On sait qu'il en est
mort.

Mais, ce qui est inouï parmi nous, ce dont il n'y a plus d'exemple,
c'est une femme enamourée qui se livre à son amant avant que
celui-ci ait, sous son inspiration, produit un chef-d'œuvre, jugé et
proclamé tel par ses rivaux. Car voilà la condition indispensable à
laquelle l'union légitime est subordonnée. Le droit d'engendrer est
le monopole du génie et sa suprême récompense, cause puissante
d'ailleurs d'élévation et de sublimation de la race. Encore ne peut-il
l'exercer qu'un nombre de fois précisément égal à celui de ses œuvres magistrales. Mais, à cet égard, on se montre indulgent. Même
il arrive assez fréquemment que, touchée de pitié pour quelque
grande passion servie par un talent médiocre, l'admiration simulée
du public fait un succès de sympathie et de demi-sourire à des
œuvres sans valeur. Peut-être est-il aussi (et même sans nul doute)
pour l'usage commun, d'autres genres d'adoucissement.

La société ancienne s'appuyait sur la crainte des châtiments, sur
un système de pénalités qui a fait son temps; la nôtre, on le voit,
sur l'espérance du bonheur. Ce qu'une telle perspective suscite d'enthousiasme et de feu créateur, nos expositions l'attestent, l'exubé-
rance annuelle de nos riches floraisons artistiques en fait foi. Quand
on songe aux effets précisément contraires du mariage ancien, cette
institution de nos aïeux, plus ridicule encore que leurs parapluies,
on peut mesurer la distance de ce *debitum conjugale* abusif et soi-
disant exclusif, à notre union, libre à la fois et réglementée, éner-
gique et intermittente, ardente et contrainte, vraie pierre angulaire
de notre humanité régénérée. Les souffrances qu'elle impose aux
sacrifiés, aux artistes malheureux, ceux-ci ne s'en plaignent pas.
Leur désespoir même est cher aux désespérés; car, lorsqu'ils n'en
meurent pas, ils en vivent et s'en immortalisent, et, jusqu'au fond
le plus affreux de leur abîme intérieur, ils cueillent des fleurs. Fleurs
d'art ou de poésie pour les uns, roses mystiques pour les autres. A
ceux-ci peut-être il est donné alors de toucher de plus près, et comme
à tâtons dans leurs ténèbres, l'essence des choses. Et ces jouis-
sances sont si vives que nos artistes et nos mystiques métaphysi-
ciens se demandent si l'art et la philosophie sont faits pour consoler
l'amour, ou si la seule raison d'être de l'amour n'est pas d'inspirer

l'art et l'élan métaphysique. Cette dernière opinion a généralement prévalu.

A quel point l'amour a adouci nos mœurs, à quel point notre civilisation amoureuse l'emporte en moralité sur la civilisation ambitieuse et cupide d'autrefois, on en a eu la preuve lors de la grande découverte qui eut lieu en l'an du salut 194. Guidé par je ne sais quel flair mystérieux, par je ne sais quel sens électrique de l'orientation, un hardi perforateur, à force de s'avancer dans les flancs du globe, hors des galeries battues, pénétra soudain dans un vide étrange, tout bourdonnant de voix humaines, tout fourmillant de visages humains; mais quelles voix criardes! quels teints jaunes! Quelle langue impossible sans nul rapport avec notre grec! C'était, à n'en pas douter, une véritable Amérique souterraine, fort vaste aussi et plus curieuse encore. Elle provenait d'une petite tribu de Chinois fouisseurs qui, ayant eu, pense-t-on, quelques années plus tôt, la même idée que notre Miltiade, mais beaucoup plus pratiques que lui, s'étaient blottis sous terre, à la hâte, sans s'y encombrer de musées et de bibliothèques, et y avaient pullulé à l'infini. Au lieu de se borner comme nous à l'exploitation des mines de cadavres d'animaux, ils se livraient, sans la moindre vergogne, à l'anthropophagie atavique, ce qui, vu les milliards de Chinois détruits et ensevelis sous la neige, leur permettait de donner carrière à leur salacité prolifique. Hélas! qui sait si nos propres descendants ne seront pas réduits eux-mêmes un jour à cette extrémité? Dans quelle promiscuité, dans quelle fange de rapacité, de mensonge et de vol, vivaient ces malheureux! Les mots de notre langue se refusent à peindre leur saleté et leur grossièreté. A grands frais, ils élevaient de petits légumes sous terre, dans de petits carreaux de terre transportée, de petits porcs, de petits chiens... Ces anciens serviteurs de l'homme ont paru fort dégoûtants à notre nouveau Christophe Colomb. — Ces êtres dégradés (je parle des maîtres et non des animaux, car ceux-ci étaient de race fort améliorée par les éleveurs) avaient perdu toute souvenance de l'Empire du Milieu et même de la surface terrestre. Ils ont beaucoup ri quand quelques-uns de nos savants, envoyés près d'eux en mission, leur ont parlé du firmament, du soleil, de la lune et des étoiles..... Ils écoutaient pourtant jusqu'au bout ces histoires, puis, d'un ton goguenard, ils demandaient à nos missionnaires : « Avez-vous vu tout cela? » — Et ceux-ci, à cette question, ne pouvaient malheureusement rien répondre puisque, sauf les amants qui vont mourir ensemble, personne parmi nous n'a vu le ciel.

Or, à la vue d'une telle atrophie cérébrale, qu'ont fait nos colons? Plusieurs ont proposé, il est vrai, d'exterminer ces sauvages qui pourraient devenir dangereux par leur astuce et par leur nombre, et de s'emparer de leur logement après y avoir donné quelques coups de balai et de pinceau, et enlevé force clochettes. D'autres, de les réduire en esclavage ou en domesticité, pour se décharger sur eux de tout travail pénible. Mais ces deux avis ont été rejetés. On a essayé de civiliser, d'apprivoiser ces cousins pauvres, ces parents éloignés ; et, quand on a eu constaté l'impossibilité d'y réussir, on a soigneusement rebouché la cloison séparative.

VII

LA VIE ESTHÉTIQUE

Tel est le miracle moral qu'a fait notre bonté, fille de la beauté et de l'amour. Mais les merveilles intellectuelles qui ont jailli de la même source méritent bien plus encore d'être remarquées. Il me suffira de les indiquer en courant.

Parlons des sciences d'abord. On aurait pu croire qu'à partir du jour où les astres et les météores, les faunes et les flores, cesseraient de jouer un rôle quelconque dans notre vie, où les fontaines multiples de l'observation et de l'expérience cesseraient de couler, l'astronomie et la météorologie désormais figées, la zoologie et la botanique devenues de la paléontologie pure, sans parler de leurs applications à la marine, à la guerre, à l'industrie, à l'agriculture, toutes d'une inutilité à présent profonde, cesseraient de faire un pas en avant et tomberaient dans un complet oubli. Par bonheur, ces appréhensions se sont trouvées vaines. Admirons à quel point les sciences jadis éminemment utiles et inductives, léguées par le passé, on eut le don de passionner et d'agiter pour la première fois le grand public depuis qu'elles ont acquis ce double caractère d'être un objet de luxe et une matière à déduction. Le passé a accumulé de tels entassements indigestes de tables astronomiques, de mémoires et de comptes rendus roulant sur des mesurages, des vivisections, des expérimentations innombrables, que l'esprit humain peut vivre sur ce fonds jusqu'à la consommation des siècles; il était temps qu'il se mit enfin à mettre en ordre, à mettre en œuvre ces matériaux. Or, l'avantage est grand, pour les sciences dont je parle, au point de vue de leur succès, de s'appuyer uniquement sur des témoignages écrits, nullement sur les perceptions des sens, et d'invoquer à propos de tout l'autorité des livres. (Car on dit *la bibliothèque*, tandis qu'on disait autrefois *la bible*, il y a une immense différence évidemment). Ce grand et inappréciable avantage, c'est que l'extraordinaire richesse de la *bibliothèque* en documents des plus divers, ne laisse jamais à court un théoricien ingénieux, et suffit à nourrir copieusement, paternellement, en un même banquet fraternel, les opinions les plus contradictoires. Telle était l'admirable abondance de la législation et de la jurisprudence antiques en textes et en arrêts de toutes les couleurs, qui rendaient les procès si intéressants, presque autant que les batailles de la populace d'Alexandrie, à propos d'un iota théologique. Les débats de nos savants, les polémiques relatives au noyau vitellin de l'œuf des arachnéides, ou à l'appareil digestif des infusoires : voilà les questions brûlantes qui nous troublent, et qui, si nous avions le malheur de posséder une presse périodique, ne manqueraient pas d'ensanglanter nos rues. Car les questions inutiles et même nuisibles ont toujours le don de passionner, pourvu qu'elles soient insolubles.

Ce sont là nos querelles religieuses.. En effet, l'ensemble des sciences léguées par le passé est devenu décidément, fatalement, une religion ; et nos savants actuels, qui travaillent déductivement sur ces données désormais immuables et sacrées, rappellent tout à fait, dans des proportions fort agrandies, les théologiens de l'ancien monde. Cette nouvelle théologie encyclopédique, non moins fertile que d'autres en schismes et en hérésies, source unique, mais intarissable de divisions au sein de notre Église, d'ailleurs si compacte, est peut-être l'attrait le plus profond et le plus fascinateur de notre élite intellectuelle.

Sciences mortes malgré tout ! disent quelques mécontents. Acceptons l'épithète. Elles sont mortes, si l'on veut, mais à la façon de ces langues où tout un peuple entonnait ses hymnes, quoique personne ne les parlât plus. Il en est ainsi de certains visages, dont toute la beauté n'apparaît bien qu'après le dernier soupir. Qu'on ne s'étonne donc pas si notre amour se prend à ces majestueuses immobilités dont l'ombre en nous s'accroît, à ces inutilités supérieures qui sont notre vocation. Les mathématiques avant tout, comme étant le type le plus achevé des sciences nouvelles, ont progressé à pas de géants. Descendue à des profondeurs fabuleuses, l'analyse a permis aux astronomes d'aborder enfin et de résoudre des problèmes dont le seul énoncé eût fait sourire d'incrédulité leurs prédécesseurs. Aussi, découvrent-ils chaque jour, la craie à la main, non le télescope à l'œil, je ne sais combien de planètes intra-mercurielles, ou extra-neptuniennes, et commencent-ils même à distinguer les planètes des étoiles les plus rapprochées. Il y a là, sur l'anatomie et la physiologie comparées de nombreux systèmes solaires, les aperçus les plus neufs et les plus profonds. Nos Leverrier se comptent par centaines. Connaissant d'autant mieux le ciel qu'ils ne le voient plus, ils ressemblent à Beethoven, qui a attendu d'être sourd pour écrire ses plus belles symphonies. — Nos Claude Bernard et nos Pasteur sont presque aussi nombreux. Bien qu'on se garde, en effet, d'accorder aux sciences naturelles l'importance exagérée, et anti-sociale au fond, qu'elles usurpèrent jadis pendant deux ou trois siècles, on ne les oublie pas tout à fait. Il n'est pas jusqu'aux sciences appliquées qui n'aient leurs amateurs. L'un d'eux a récemment découvert enfin — ô ironie du sort! — la direction pratique des aérostats. — Inutiles, n'importe, belles toujours et fécondes, fécondes en nouvelles beautés superflues, ces découvertes sont accueillies avec des transports d'enthousiasme fébrile, et valent à leurs auteurs mieux que la gloire, — la félicité que l'on sait.

Mais, parmi les sciences, il en est deux qui, expérimentales encore et inductives, et, en outre, utiles au premier chef, doivent peut-être, il faut le reconnaître, à ce privilège exceptionnel, la rapidité sans égale de leur croissance; deux sciences, jadis aux antipodes l'une de l'autre, aujourd'hui en voie de se confondre à force de s'approfondir et de pulvériser ensemble les derniers problèmes : la chimie et la psychologie.

Tandis que nos chimistes, inspirés peut-être par l'amour et mieux instruits de la nature des affinités, pénètrent dans l'intimité des molécules, nous révèlent leurs désirs et leurs idées et, sous un air trompeur d'uniformité, leur physionomie individuelle; tandis qu'ils nous font ainsi la psychologie de l'atome, nos psychologues nous exposent l'atomologie du moi, j'allais dire la sociologie du moi. Ils nous font percevoir, jusque dans le moindre détail, la plus admirable de toutes les sociétés, cette hiérarchie de consciences, cette féodalité d'âmes vassales dont notre personne est le sommet. —

Nous leur devons, aux uns et aux autres, d'inappréciables bienfaits. Grâce aux premiers, nous ne sommes plus seuls dans un monde glacé ; nous sentons vivre et s'animer ces rochers, se peupler fraternellement ces durs métaux qui nous protègent et nous réchauffent. Par eux, ces pierres vivantes disent quelque chose à notre cœur, quelque chose d'intime et d'étrange que n'ont jamais dit à nos pères les constellations ni les fleurs des champs. Et, par eux aussi, — service non méprisable, — nous avons appris des procédés qui nous permettent de suppléer (dans une faible mesure il est vrai, pour le moment) à l'insuffisance de notre alimentation ordinaire, ou de varier sa monotomie par plusieurs substances agréables au goût et fabriquées de toutes pièces. — Mais, si nos chimistes nous ont rassurés de la sorte contre le danger de mourir de faim, nos psychologues ont acquis plus de droits encore à notre reconnaissance en nous affranchissant de la peur de mourir. Pénétrés de leurs doctrines, nous en avons suivi, avec la vigueur de déduction qui nous est habituelle, les conséquences jusqu'au bout. La mort nous apparaît comme un détrônement libérateur, qui rend à lui-même le moi déchu ou démissionnaire, redescendu en son for intérieur où il trouve en profondeur plus que l'équivalent de l'empire extérieur qu'il a perdu ; et, en songeant aux terreurs de l'homme d'autrefois en face de la tombe, nous les comparons aux épouvantes des compagnons de notre Miltiade, quand il leur fallut renoncer aux champs de glace, aux horizons de neige, pour entrer à jamais dans les noirs abîmes où tant de surprises lumineuses et merveilleuses les attendaient !

C'est là un dogme bien établi, et sur lequel nulle discussion ne serait tolérée. Il est, avec notre dévotion à la beauté et notre foi dans la toute-puisssance divine de l'amour, le fondement de notre sécurité et le point d'appui de nos élans. Nos philosophes eux-mèmes évitent d'y toucher, comme à tout ce qu'il y a de fondamental dans nos institutions. De là peut-être un air aimable d'innocuité qui ajoute aux charmes de leur finesse, et contribue à leur succès dans le public. Avec de telles certitudes pour lest, on peut s'élancer d'un cœur joyeux dans l'éther des systèmes. Aussi ne s'en fait-on pas faute parmi nous. On pourra s'étonner cependant que je distingue entre nos philosophes et ces savants déductifs dont j'ai parlé plus haut. Leurs données et leurs méthodes sont identiques. Ils ruminent, — si j'ose me permettre cette expression, — de la même façon, aux mêmes râteliers. Mais les uns, j'entends les savants, sont des ruminants ordinaires, c'est-à-dire lourds et lents; les autres ont la singularité d'être ruminants et légers à la fois, comme l'antilope. Et cette différence de tempéramment est indélébile.

Il n'y a pas, ai-je dit déjà, de cité, mais il y a une grotte de philosophes, une grotte naturelle, où ils viennent s'asseoir à distance les uns des autres ou groupés par écoles sur des chaises en blocs de granit au bord d'une source pétrifiante ; une grotte spacieuse aux prestigieuses cristallisations amoureusement distillées et simulant vaguement, moyennant un peu de bonne volonté, toutes sortes de beaux objets, des coupes, des lustres, des cathédrales, des miroirs : des coupes qui ne désaltèrent pas, des lustres qui n'éclairent pas, des cathédrales où personne ne prie, mais des miroirs où l'on se mire plus ou moins fidèlement et complaisamment. Là aussi on voit un lac noir et sans fond où se penchent comme autant de points d'interrogation, les arêtes de la voûte sombre et les barbes des penseurs. Telle quelle, pourtant, et semblable jusqu'au bout à la philosophie qu'elle abrite, cette ample caverne, avec ses scintillements de cristaux dans ses ombres douteuses, — pleines de précipices, il est vrai, — est ce qui rappelle le mieux à l'humanité nouvelle, mais avec bien plus encore de fascination illusoire, la grande magie quotidienne de nos aïeux, la nuit étoilée... Or, ce qui se distille là, ce qui se cristallise là d'idées systématiques, de stalactites mentales dans chaque cerveau, est prodigieux, indescriptible. Pendant que toutes les stalactites anciennes vont se ramifiant et se métamorphosant, de table devenant autel, ou d'aigle devenant chimère, de nouvelles apparaissent çà et là encore plus surprenantes. Il y a toujours, cela va sans dire, des néo-aristotéliciens, des néo-kantistes, des néo-cartésiens, des néo-platoniciens même et des néo-pythagoriciens. N'oublions pas les commentateurs d'Empédocle, à qui son attrait pour les souterrains volcaniques a valu un rajeunissement inattendu de son antique autorité sur les esprits, surtout depuis qu'un archéologue a prétendu avoir retrouvé le squelette de ce grand homme en poussant une galerie investigatrice jusqu'au pied de l'Etna aujourd'hui complètement éteint. — Mais il y a aussi constamment quelque grand novateur apportant un évangile inédit que chacun aspire à enrichir d'une variante, destinée à le supplanter. Je citerai par exemple la plus forte tête de notre temps, le chef de l'école à la mode en sociologie. Suivant ce penseur profond, le développement social de l'humanité, commencé à la surface terrestre et continué aujourd'hui encore sous son écorce presque superficielle, doit, au fur et à mesure des progrès du refroidissement solaire et planétaire, se poursuivre de couche en couche, jusqu'au centre de la terre, la population se resserrant forcément et la civilisation, au contraire, se déployant à chaque nouvelle descente. Il faut voir avec quelle force et quelle précision dantesque il caractérise le type social propre à chacune de ces humanités emboîtées concentriquement toujours de plus en plus nobles, riches, équilibrées, heureuses. Il faut lire le portrait largement touché qu'il retrace du dernier homme seul survivant et seul héritier de cent civilisations successives, réduit à lui-même et se suffisant à lui-même au milieu de ses immenses provisions de science et d'art, heureux comme un Dieu parce qu'il comprend tout, parce qu'il peut tout, parce qu'il vient de découvrir le vrai mot de la grande énigme, mais mourant parce qu'il ne veut pas survivre à l'humanité, et, au moyen d'une substance explosible d'une puissance extraordinaire, faisant sauter le globe avec lui, pour ensemencer l'immensité des débris de l'homme! — Ce système, on le comprend, a beaucoup de sectateurs. Ses sectatrices pourtant, gracieuses Hypathies, nonchalamment couchées autour du bloc magistral, sont d'avis qu'il conviendrait d'adjoindre à l'homme final la femme finale, non moins idéale que lui.

Mais que dirai-je de l'art et de la poésie? Ici, pour être juste, la louange deviendrait de l'hyperbole. Bornons-nous à indiquer le sens général des transformations. J'ai dit ce qu'était devenue notre architecture, toute *intériorisée* pour ainsi dire et harmonieuse, image pétrifiée et idéale, concentrée et consommée, de la nature d'autrefois. Je n'y reviendrai pas. Mais il me reste à dire un mot de cette immortelle et débordante population de statues, de fresques, d'émaux, de bronzes, qui, de concert avec la poésie, chantent, dans cette transfiguration architecturale de l'abîme, l'apothéose de l'amour. Il y aurait une intéressante étude à faire sur les métamorphoses graduelles que le génie de nos peintres et de nos sculpteurs a fait subir depuis trois siècles à ces types consacrés de lions, de chevaux, de tigres, d'oiseaux, d'arbres, de fleurs, sur lesquels il ne se lasse pas de s'exercer sans être aidé ni entravé par la vue d'aucun animal ni d'aucune plante. Jamais, en effet, nos artistes, — qui tiennent fort, eux, à n'être pas pris pour des photographes — n'ont autant représenté de plantes, d'animaux et de paysages, que depuis qu'il n'y en a plus ; comme ils n'ont jamais tant peint et sculpté de draperies que depuis que tout le monde sort à peu près nu, tandis qu'autrefois, au temps de l'humanité vêtue, les nudités foisonnaient dans l'art. Est-ce à dire que la Nature maintenant morte, autrefois vivante, où nos grands maîtres puisent leurs sujets et leurs motifs, soit devenue un simple alphabet hiéroglyphique et froidement conventionnel? Non : fille à présent de la tradition et non plus de la génération, humanisée et harmonisée, elle a encore plus de prise sur le cœur, et, si elle rappelle à chacun ses songes plutôt que ses souvenirs, ses conceptions plutôt que ses sensations, ses admirations d'artiste plutôt que ses terreurs d'enfant, elle n'en est que plus propre à enchanter et subjuguer. Elle a pour nous le charme profond et intime d'une vieille légende, mais d'une légende à laquelle on croit.

Rien de plus inspirateur. Telle devait être la mythologie du bon Homère, quand ses auditeurs des Cyclades croyaient encore à Aphrodite et à Pallas, aux Dioscures et aux Centaures, dont il leur parlait en leur arrachant des larmes de ravissement. Ainsi nos poètes nous font pleurer quand ils nous parlent maintenant des cieux d'azur, de l'horizon des mers, du parfum des roses et du chant des oiseaux, de toutes ces choses que notre œil n'a point vues, que notre oreille n'entendra jamais, que tous nos sens ignorent, mais que notre pensée évoque en nous par un instinct étrange au moindre toucher de l'amour. Et, quand nos peintres nous montrent ces chevaux, dont les jambes s'affinent de plus en plus, ces cygnes dont le cou de plus en plus s'arrondit et s'allonge, ces vignes dont les feuilles et les pampres chaque jour se compliquent de dentelures et de paraphes nouveaux en enlaçant des oiseaux plus exquis ; une émotion sans rivale s'élève en nous, telle qu'en devait éprouver un jeune Grec devant un bas-relief plein de faunes et de nymphes, ou d'argonautes emportant la toison d'or, ou de Néréides jouant autour de la coupe d'Amphitrite.

Si notre architecture, malgré ses magnificences, semble n'être qu'un simple décor de nos autres beaux-arts, ceux-ci, à leur tour, quelque admirables qu'ils soient, ont l'air d'être à peine dignes d'illustrer notre poésie et notre littérature lapidaires. Mais, dans notre poésie et notre littérature même, il y a des splendeurs qui sont à d'autres beautés plus voilées ce que la fleur est à l'ovaire, ce que le cadre est au tableau. Qu'on lise nos drames, nos épopées romanesques, où toute l'histoire ancienne se déroule magiquement jusqu'aux luttes et aux amours héroïques de Miltiade; on jugera que rien de plus sublime ne peut être écrit. Qu'on lise aussi nos idylles, nos élégies, nos épigrammes inspirées de l'antiquité et nos vers de tout genre, écrits en une dizaines de langues mortes, qui à volonté revivent pour raviver de leurs timbres distincts, de leurs sonorités multiples, le plaisir de notre oreille et accompagner pour ainsi dire de leur riche orchestration le chant de notre pur attique, en anglais, en allemand, en suédois, en arabe, en italien, en français; on n'imaginera rien de plus enchanteur que cette résurrection transfigurante d'idiomes oubliés, jadis glorieux.

Quant à nos drames, quant à nos poèmes, œuvres souvent collectives et individuelles à la fois d'une école incarnée dans son chef et animée d'une idée unique, telles que les sculptures du Parthénon; il n'est rien dans les chefs-d'œuvre de Sophocle ou d'Homère qui puisse leur être comparé. Ce que les espèces éteintes de la nature jadis vivante sont à nos peintres et à nos statuaires, les sentiments non moins éteints de l'ancienne nature humaine le sont à nos dramaturges. La jalousie, l'ambition, le patriotisme, le fanatisme, la fureur des combats, l'amour exalté de la famille, l'orgueil du nom; toutes ces passions disparues du cœur, quand ils les évoquent sur la scène, ne font plus pleurer ni frémir personne, pas plus que les tigres et les lions de type héraldique peints sur nos parois ne font peur à nos enfants. Mais, avec un accent nouveau et tout autrement résonnant, elles nous parlent leur ancien langage; et, à vrai dire, ne sont qu'un grand clavier que jouent nos passions nouvelles. Or il n'y en a qu'une seule, sous ses mille noms, comme il n'y a qu'un soleil là-haut; c'est l'amour, âme de notre âme, et foyer de notre art. Soleil véritable et indéfectible, celui-là, qui du regard ne se lasse pas de toucher et de ranimer, pour les rajeunir, pour les redorer de ses aurores ou les réempourprer de ses couchants, ses créatures inférieures d'autrefois, les antiques formes du cœur; à peu près comme il suffisait d'un rayon à l'autre soleil pour opérer cette grande évocation embellissante des plus vieux types végétaux ressuscités en fleurs, cette grande fantasmagorie annuelle, décevante et charmante, qu'on appelait le printemps, quand il y avait un printemps encore!

Aussi, pour nos fins lettrés, tout ce que je viens de louer naguère n'a-t-il aucun prix, si leur cœur n'est frappé. Ils donneraient, pour une note intime et juste, tous les tours de force et de prestidigitation. Ce qu'ils cherchent, sous les plus grandioses conceptions et machinations scéniques, sous les innovations rythmiques les plus audacieuses, et ce qu'ils adorent à genoux quand ils l'ont trouvé, c'est un court passage, un vers, une moitié de vers où une nuance inaperçue d'amour profond, où la moindre phase inexprimée de

4

de l'amour heureux, de l'amour souffrant, de l'amour mourant, laissa son empreinte. Ainsi, à l'origine de l'humanité, chaque teinte de l'aube ou du crépuscule, chaque heure du jour, fut, pour le premier qui la nomma, un nouveau dieu solaire qui eut bientôt ses adorateurs, ses prêtres et ses temples. Mais, détailler la sensation, à l'instar des érotiques démodés, ce n'est rien pour nous; le difficile et le méritoire est de cueillir, avec nos mystiques, aux derniers abîmes de la douleur, les perles et les coraux du fond de cette mer, ses fleurs d'extase, et d'enrichir l'âme à ses propres yeux. Notre poésie la plus pure rejoint ainsi notre psychologie la plus profonde. L'une est l'oracle, l'autre est le dogme de la même religion.

Et cependant, le croirait-on? malgré sa beauté, son harmonie, son incomparable douceur, notre société a aussi ses réfractaires. Il est, çà et là, des irréguliers qui se disent saturés de notre essence sociale toute pure et à si haute dose, de notre société à outrance et forcée. Ils trouvent notre beau trop fixe, notre bonheur trop calme. En vain, pour leur plaire, on varie de temps en temps la force et la coloration de notre éclairage et l'on fait circuler dans nos couloirs une sorte de brise rafraîchissante; ils persistent à juger monotone notre jour sans nuage et sans nuit, notre année sans saisons, nos villes sans campagnes. Chose étrange, quand arrive le mois de mai, ce sentiment de malaise, qu'ils éprouvent seuls en temps ordinaire, devient contagieux et presque général. Aussi est-ce le mois le plus mélancolique et le plus désœuvré de l'année. On dirait que, chassé de partout, de l'immensité morne des cieux et de la surface glacée du sol, le Printemps a, comme nous, cherché asile sous la terre; ou plutôt, que son fantôme errant revient périodiquement nous visiter et nous tourmenter de son obsession. Alors se remplit la cité des musiciens, et leur musique devient si douce, si tendre, si triste, si désespérément déchirante, qu'on voit les amants, par centaines à la fois, se prendre la main et monter voir le ciel meurtrier... A ce propos, je dois dire qu'il y a eu récemment une fausse alerte, causée par un halluciné qui a prétendu avoir vu le soleil se ranimer et fondre la glace. A cette nouvelle, que rien n'a confirmée d'ailleurs, une part assez notable de la population s'est émue et s'est plue à caresser des projets de sortie prochaine; rêves malsains et subversifs qui ne sont bons évidemment qu'à fomenter un mécontentement factice. Par bonheur, un érudit, en fouillant dans un recoin oublié des archives, y a mis la main sur un grand recueil de planches phonographiques et cinématographiques, rassemblées par un antique col-

lectionneur. *Jouées* par le phonographe et le cinématographe com-
binés, ces planches nous ont fait entendre soudain tous les bruits
anciens de la nature accompagnés des visions correspondantes, le
tonnerre, les vents, les gaves, les rumeurs de l'aube, les cris régu-
liers de l'orfraie et la longue plainte du rossignol parmi toutes sortes
de chuchotements nocturnes. A cette résurrection accoustique et
visuelle d'un autre âge, d'espèces éteintes et de phénomènes évanouis,
un immense étonnement, bientôt suivi d'une immense désillusion,
s'est produit parmi les plus chauds partisans du retour à l'ancien
régime. Car ce n'était point là ce qu'on avait cru jusqu'alors sur la
foi des poètes et des romanciers, même les plus naturalistes ; c'était
quelque chose d'infiniment moins délicieux et moins digne de regrets.
Le chant du rossignol surtout a provoqué un véritable dépit ; on lui
en veut de s'être montré si inférieur à sa réputation. Assurément le
plus mauvais de nos concerts est plus musical que cette soi-disant
symphonie naturelle à grand orchestre.

Ainsi a été apaisé, par un ingénieux procédé absolument inconnu
aux gouvernements anciens, ce premier et unique essai de rébellion.
Puisse-t-il être le dernier! Certains ferments de discorde commencent, hélas! à s'infiltrer dans nos rangs; et nos moralistes n'ob-
servent pas sans appréhension quelques symptômes qui dénotent le
relâchement de nos mœurs. Le progrès de notre population notamment, depuis plusieurs découvertes chimiques, à la suite desquelles on
s'est trop hâté de dire qu'on allait faire du pain avec des pierres, et
qu'il ne valait plus la peine de ménager nos provisions de table, de se
gêner pour maintenir limité le nombre des bouches, est très inquiétant.
En même temps que le nombre des enfants augmente, celui des
chefs-d'œuvre diminue. Espérons que cette progression lamentable
s'arrêtera bientôt. Si le soleil, cette fois encore, comme après les
diverses époques glaciaires, vient à se réveiller de sa léthargie et
reprend de nouvelles forces, souhaitons qu'une faible partie seulement de notre population, celle qui a l'esprit le plus léger, le cœur
le plus indisciplinable et le plus atteint de matrimonialité incurable,
profite des avantages apparents et trompeurs que leur offrira cette
guérison céleste, et se précipite en haut vers la liberté des intempéries! Mais c'est bien peu probable, si l'on songe à l'âge avancé du
soleil ou au danger des rechutes séniles. Et c'est encore moins dési-
rable. Heureux, répétons-le après Miltiade notre auguste père, heureux les astres qui se sont éteints, c'est-à-dire la presque totalité
de ceux qui peuplent l'espace! Le rayonnement, a-t-il dit avec vérité,

est aux étoiles ce que la floraison était aux plantes. Après avoir fleuri elles fructifiaient. Ainsi, sans doute, lasses d'expansion et d'inutile dépense de force dans le vide infini, les étoiles recueillent, pour les féconder dans leur sein profond, des germes de vie supérieure. L'illusoire éclat de ces étoiles disséminées, en nombre relativement infime, qui brûlent encore, qni n'ont pas encore achevé de jeter ce que Miltiade appelle leur gourme de lumière et de chaleur, empêchait les premiers hommes de songer à cela, à cette innombrable et paisible population d'étoiles obscures, qui avait pour voile ce rayonnement. Mais nous, délivrés de ce prestige et affranchis de cette séculaire illusion d'optique, continuons à croire fermement que, parmi les astres comme parmi les hommes, les plus brillants ne sont pas les meilleurs, que les mêmes causes ont amené ailleurs les mêmes effets, forçant d'autres humanités à se blottir dans le sein de leur globe, à y poursuivre en paix, dans des conditions singulières d'indépendance et de pureté absolues, le cours heureux de leurs destinées, et qu'enfin, aux cieux comme sur la terre, le bonheur vit caché.

Beaugency. Imp. J. Laffray.

4ᵉ Année.　　　　Nᵒˢ 8-9.　　　Août-Septembre 1896.

REVUE INTERNATIONALE

DE

SOCIOLOGIE

PUBLIÉE TOUS LES MOIS, SOUS LA DIRECTION DE

RENÉ WORMS

Secrétaire-Général de l'Institut International de Sociologie

AVEC LA COLLABORATION ET LE CONCOURS DE

Abonnement annuel : France, 18 fr. — Étranger, 20 fr.

PARIS

V. GIARD & E. BRIÈRE, Éditeurs

16, RUE SOUFFLOT, 16

1896

V. GIARD & E. BRIÈRE, ÉDITEURS, 16, RUE SOUFFLOT, PARIS.

BIBLIOTHÈQUE
SOCIOLOGIQUE INTERNATIONALE

PUBLIÉE SOUS LA DIRECTION DE

RENÉ WORMS

Secrétaire-Général de l'Institut International de Sociologie.

Cette collection se compose de volumes in-8°, reliure souple.

Ont paru :

RENÉ WORMS : *Organisme et Société.* Un vol. in-8°, de 410 pages. 8 fr.

PAUL DE LILIENFELD, vice-président de l'Institut International de Sociologie : *La Pathologie Sociale.* Un vol. in-8°, de 330 pages. . 8 fr.

FRANCESCO S. NITTI, professeur à l'Université de Naples, membre de l'Institut International de Sociologie : *La Population et le Système social,* édition française. . . . . 7 fr.

ADOLFO POSADA, professeur à l'Université d'Oviedo, membre de l'Institut International de Sociologie : *Théories modernes sur l'origine de la Famille, de la Société et de l'État,* édition française . . . . 6 fr.

SIGISMOND BALICKI, associé de l'Institut International de Sociologie : *L'État comme organisation coercitive de la Société Politique* . . . 6 fr.

Paraîtront successivement :

JACQUES NOVICOW, membre et ancien vice-président de l'Institut International de Sociologie : *Conscience et Volonté Sociales.*

LOUIS GUMPLOWICZ, professeur à l'Université de Graz, membre et ancien vice-président de l'Institut International de Sociologie : *Sociologie et Politique,* édition française.

MAXIME KOVALEWSKY, ancien professeur à l'Université de Moscou, membre et ancien vice-président de l'Institut International de Sociologie : *Les Questions Sociales au Moyen-Age.*

JULES MANDELLO, chargé de cours à l'Université de Budapest, membre de l'Institut International de Sociologie : *Essai sur la méthode des Recherches Sociologiques.*

MAURICE VIGNES, docteur en droit : *La Science Sociale d'après Le Play et ses continuateurs.*

FRANKLIN H. GIDDINGS, professeur à l'Université de New-York, membre de l'Institut International de Sociologie : *Principes de Sociologie.*

Les volumes de la collection pourront aussi être achetés brochés avec une diminution de 2 francs.

Beaugency. Imp. J. Laffray

242

www.ingramcontent.com/pod-product-compliance
Lightning Source LLC
Chambersburg PA
CBHW072018290326
41934CB00009BA/2119